Fühlst du dich unfair behandelt?

John Bevere

ADULLAM

Adullam Verlag
St.-Ulrich-Platz 8
85630 Grasbrunn

ISBN 3-931484-53-X

Bestellungen sind an oben stehende Adresse zu richten.

1. Auflage, November 2005

Alle Bibelzitate wurden, wenn nicht anderweitig gekennzeichnet,
der Revidierten Elberfelder Bibel, R. Brockhaus Verlag,
Wuppertal, 9. Auflage 2003, entnommen. Hervorhebungen durch den Autor.

Herstellung:
Übersetzung: Dagmar Schulzki
Umschlag: Anne Dittrich, Druckerei Mißbach
Satz und Umbruch: Adullam Verlag
Druck: Schönbach Druck GmbH, Erzhausen
Lektorat: Joshua Werling, www.wortschoepfung.info

Inhaltsverzeichnis

1
Eine missachtete Wahrheit

Bist du schon einmal schlecht behandelt worden?

Wenn du jetzt „nein“ sagst, möchte ich deinen Puls fühlen – du müsstest nämlich tot sein! Denn in unserer gefallenen, zerbrochenen, sündigen Welt zu leben, bedeutet, dass es jeden Tag mehrmals vorkommen kann, dass wir schlecht behandelt werden und nicht die gerechte Behandlung erfahren, die wir uns alle wünschen.

Es gibt viele Situationen, in denen das geschehen kann. Hier habe ich einige Beispiele aufgeführt, doch ich bin sicher, du könntest dieser Liste noch weitere hinzufügen:

- Wenn du ein Kind bist – gleich welchen Alters –, wirst du vielleicht von einem Elternteil ständig zu Unrecht kritisiert.
- Oder wenn du eine Mutter oder ein Vater bist, hast du vielleicht ein rebellisches oder abgefallenes Kind, das dir gegenüber beleidigend und ungehorsam ist, statt dir Liebe zu geben.
- Möglicherweise bist du ein Schüler, der den Anforderungen eines Lehrers einfach nicht genügen kann.

- Oder du bist ein großartiger Angestellter, aber deine Chefin mag dich nicht und will dich von deinem Arbeitsplatz verdrängen – um ihn einer Freundin zu geben.
- Du fährst Auto und hältst dich an die Geschwindigkeitsbegrenzung. Doch der Fahrer hinter dir ist in Eile, hupt, macht obszöne Gesten, flucht und fährt dicht auf.
- Du hast dein eigenes Geschäft und behandelst deine Kunden zuvorkommend. Doch einer deiner Konkurrenten unterbietet deine Preise und bezichtigt dich der minderwertigen Arbeit.
- Du bist seit fünfzehn Jahren verheiratet, hast deinem Mann durch die Universität geholfen und ihm drei Kinder geboren. Nun sagt er dir, dass er dich nicht mehr liebt und eine Kollegin heiraten will.
- Du dienst in deiner Gemeinde als Diakon, doch dein Herzenswunsch ist es, den Jugendchor zu leiten. Nun hat man dir mitgeteilt, dass die Frau des neuen Pastors von jetzt an die Leitung des Chors übernehmen wird.

Das sind nur einige Beispiele. Sicher gibt es noch viele weitere Möglichkeiten. Niemand ist immun. Die Reichen und Starken sind ebenso davon betroffen wie die Armen und Schwachen. Was dir geschieht, kann eine ganz kleine Sache sein, oder grausam und schlimm genug, deinen Ruf zu zerstören – es kann sogar dein Leben bedrohen.

Doch ich möchte dir eine Wahrheit aus dem Herzen Gottes sagen, die viele Menschen nicht kennen oder lieber ignorieren: *Wenn wir Gott erlauben, sich mit denen zu befassen, die uns schlecht behandeln, werden wir reifen und großen Segen ernten.* Das ist das Thema dieses Buches. Wenn du die Frustration leid bist, die daraus entsteht, dass du nicht weißt, wie du darauf reagieren sollst, dass du schlecht behandelt worden bist, steht dir eine wunderbare Offenbarung bevor: Gott sieht dein Leiden, Er versteht dein Leiden und Er hat bereits vor, aus diesem Leiden etwas Positives in dein Leben zu bringen. Doch du musst wissen, wie Er will, dass du damit umgehst. Und dann musst du dich auf seine Pläne einlassen und Ihm gehorchen.

Folgendes wird das Ergebnis sein: Reife, Stärke und die Gelegenheit, strategisch am Vorrücken des Reiches Gottes beteiligt zu sein. Vielleicht glaubst du mir jetzt nicht, doch wenn ich dir die unglaubliche Wahrheit aus Gottes Wort vermittelt habe, wirst du verstehen, warum es an der Zeit ist, vor Freude zu jubeln und zu springen, wenn du schlecht behandelt wirst. Freue dich! Dann bist du im Begriff, teilzuhaben an etwas, das Gott auf der Erde sehr wichtig ist: Er möchte seinen Kindern seine Treue zeigen und über die bösen und zerstörerischen Pläne des Feindes große Siege erringen.

Ich gebe zu, normalerweise wird man wütend und sinnt auf Rache, wenn man schlecht behandelt wird. Wir leben in einer Welt, in der Gottes Absichten verdreht werden, manchmal bis zur Unkenntlichkeit. Ein fundamentales geistliches Gesetz ist das der Gerechtigkeit. Tief in unserem

Geist und in unseren Gefühlen finden wir ein starkes Empfinden dafür, was richtig und was falsch ist. Wenn uns Unrecht widerfährt, wollen wir, dass irgendjemand, irgendwo die Dinge richtig stellt. Oft glauben wir, dass wir das selbst tun sollten. Das ist jedoch falsch.

Vor einigen Jahren wurde unserem Sohn Addison in der Schule Unrecht getan. Was damals geschah und wie er darauf reagierte, offenbart die lebensverändernden Prinzipien, die ich in diesem Buch erklären werde.

Es gibt vielleicht nichts Schlimmeres, als zu sehen, dass dein Kind schlecht behandelt wird. Als Vater von vier Jungen will ich nach dem Fleisch, wenn einem von ihnen Unrecht geschieht, gleich aufspringen und ihm Recht verschaffen. Das ist eine sündige Reaktion nach dem Motto: Erst handeln, dann reden.

Genauso fühlte ich mich, als unser ältester Sohn, Addison, Tag für Tag nach Hause kam und uns von den üblen Dingen erzählte, die in der Schule geschahen. Meine Frau Lisa und ich saßen jeden Abend da und hörten zu, wie unser neunjähriger Sohn Begebenheit um Begebenheit schilderte, in der klar wurde, dass sein Lehrer es auf ihn abgesehen hatte. Das schien einfach nicht zu passen, denn Addison war immer ein guter Schüler gewesen und besuchte eine ausgezeichnete christliche Schule. Was war geschehen, das unser Sohn zu solch einem Querulanten und Jammerer geworden war?

Lisa und ich besprachen die Angelegenheit mehrmals unter vier Augen. Wir wurden wirklich nicht schlau daraus. Addison war, wie Jungen eben sind, doch normalerweise geriet er nicht in Schwierigkeiten. Doch wenn es in der Klasse Unruhe gab, nahm der Lehrer aus irgendeinem Grund oft an, Addison sei der Unruhestifter. Es kam vor, dass die ganze Klasse Unsinn machte, doch wenn es darum ging, den Schuldigen zu finden, pickte der Lehrer Addison heraus und schimpfte mit ihm. Die beste Antwort, mit der Lisa und ich aufwarten konnten, war, dass es sich um einen Persönlichkeitskonflikt handeln musste. Vielleicht kamen Addison und sein Lehrer einfach nicht miteinander aus. So etwas kommt vor.

Wir beteten darüber und hofften, dass sich die Situation verbessern würde. Zunächst änderte sich nichts. Doch Gott wollte unsere Gebete beantworten und tat es auch. Es dauerte eine Weile, weil Addison aus erster Hand lernen musste, wie der Herr will, dass seine Kinder auf schlechte Behandlung reagieren.

Der Tropfen, der das Fass zum Überlaufen brachte, fiel eines Tages, als die zwei Klassenkameraden, die hinter Addison saßen, herumalberten. Der Lehrer stand mit dem Rücken zur Klasse, und als er sich umdrehte, um die Störenfriede zu ermahnen, wurden die Jungen ganz schnell still. Ohne auch nur zu überlegen, begann der Lehrer, Addison anzuschreien. Wie jeder andere auch hasst Addison Ungerechtigkeit. Aufgrund der falschen Anschuldigung, er habe den Unterricht gestört, war sein Herz verletzt.

Addison kam an diesem Abend nach Hause und erzählte Lisa und mir, was geschehen war. Wir aßen gerade zu Abend, und während er schluchzte, liefen ihm dicke

Tränen die Wangen herunter. Das war eine große Sache für einen Drittklässler. Als liebevolle Mutter nahm Lisa ihn in ihre Arme, hielt ihn und sagte immer wieder: „Mein Sohn, mein Sohn!“ Auch ich fühlte mich schlecht und zerbrach mir den Kopf. Was konnte ich tun? Was sollte ich meinem Sohn sagen?

Während Lisa ihn weiterhin tröstete, spürte ich in meinem Geist, dass irgendetwas nicht stimmte – der Heilige Geist stieß mich an. Da erinnerte ich mich an eine Lektion, die ich Jahre zuvor gelernt hatte. Plötzlich ging mir ein Licht auf und ich wusste genau, was ich meinem Sohn sagen musste.

„Addison, kann ich dich etwas fragen?“, sagte ich. Er wimmerte immer noch, dicht an Lisa gekuschelt. „Wie hast du reagiert, als der Lehrer das heute getan hat?“

Addison richtete sich auf und ich sah, wie Feuer in seinen Augen aufblitzte. „Ich habe ihm gesagt, dass ich es nicht war; dass es die anderen beiden Jungen waren!“, sagte er heftig.

„Tust du das immer, wenn er dich zurechtweist?“, fragte ich.

„Ja, besonders, wenn er nicht Recht hat, was meistens so ist!“

„Mein Junge, was du tust, ist nicht richtig“, antwortete ich. Ich nahm meine Bibel und las ihm einige Schlüsselverse vor. Ich erinnerte ihn daran, wie Jesus sich angesichts schlechter Behandlung verhalten hatte. Ich erzählte ihm, wie ich als Pastor ungerecht behandelt worden war.

„Addison, du hast die Wahl", sagte ich schließlich. „Du kannst dich weiterhin selbst verteidigen und dich der Autorität widersetzen, oder du kannst es auf Gottes Art tun, und ich denke, das bedeutet, dass du zu deinem Lehrer gehen und ihn um Vergebung dafür bitten solltest, dass du ständig seine Autorität und seine Entscheidungen in Frage gestellt hast. Such es dir aus."

„Aber Papa, was wenn er falsch liegt?"

„Addison, hat dein Weg funktioniert?"

„Nein."

„Dann hast du die Wahl. Du kannst dem Beispiel Jesu folgen, wie es in der Bibel geschrieben steht, oder du kannst tun, was du für richtig hältst."

„Okay, ich werde es auf Gottes Art tun", sagte Addison.

„Gut, dann lass uns beten." Und so beteten wir.

Am nächsten Tag verabredete sich Addison für die Mittagszeit mit seinem Lehrer. Er sah den Lehrer an und sagte: „Gott hat mir etwas klar gemacht. Ich habe Ihre Autorität ständig in Frage gestellt. Das war falsch. Würden Sie mir bitte vergeben? Ich werde es nicht mehr tun."

Wie du dir vorstellen kannst, haute das den Lehrer um. Was glaubst du, wem er am Ende der nächsten Woche die Auszeichnung des „Schülers der Woche" verlieh?

Natürlich Addison!

Und als krönenden Abschluss verlieh der Lehrer am Ende des Schuljahrs eine Auszeichnung für den „herausragendsten Schüler des Jahres“. Muss ich dir sagen, wer sie bekam?

Addison.

Ich frage dich: Wenn Gottes Weg, mit ungerechter Behandlung umzugehen, bei einem Drittklässler funktioniert, glaubst du nicht, dass es bei dir und mir ebenso funktionieren wird?

Mit diesem Buch möchte ich dich mit der Hilfe des Heiligen Geistes so vorbereiten, dass du auf schlechte Behandlung so reagierst, dass dir großer Segen zuteil wird.

Wie du vielleicht weißt, besteht ein Teil meines Dienstes darin, fast wöchentlich in Gemeinden und auf Konferenzen in den Vereinigten Staaten und auf der ganzen Welt zu predigen. Wenn ich zu den Menschen spreche und entdecke, was in ihren Herzen ist, überwältigt es mich, zu sehen, dass Scharen von Christen durch Härten in ihrem Leben geprüft werden. Während des ganzen letzten Jahres habe ich immer wieder gefragt: „Für wen von euch war das vergangene Jahr das schwierigste, das er je erlebt hat?“ Daraufhin erhoben 75 bis 90 Prozent der Menschen im Publikum die Hand. So etwas kannte ich nicht. Ich glaube, dass Gott etwas Phänomenales vorhat.

Dr. Yonggi Cho drückte es einmal so aus:

> *Ich muss tausend Tode sterben, bevor Gott beginnt, etwas Neues in meinem Leben zu tun. Eines Tages fragte ich den Herrn: „Warum muss ich tausend Tode sterben?“*

> *Der Herr antwortete: „Weil du im Charakter geformt werden musst, sodass du mit dem, was ich in dich legen werde, innerhalb deines Verantwortungsbereichs umgehen kannst."*

Oft haben die Härten und das Leiden, das wir durchmachen, damit zu tun, dass wir von anderen schlecht behandelt werden. Ich glaube, dass Gott mir die Botschaft, die ich in diesem Buch an dich weitergebe, deshalb gegeben hat.

Als ich einmal eine Predigt darüber hielt, wie man auf ungerechte Behandlung reagieren sollte, wurde ein Mann im Publikum – ein Bibelschullehrer – so berührt, dass er nach Hause ging und sich die Predigt auf Kassette noch elfmal anhörte. Er sagte mir, er habe das Material für einen Kurs mit dem Namen „Das ABC des Lebens als Christ" verwendet, weil er glaubte, dass jeder Christ wissen müsse, wie man mit ungerechter Behandlung umgehen sollte, dass jedoch kaum jemand über dieses Thema gelehrt werde.

Hier sind Gottes Verheißungen für dich, wenn du richtig darauf reagierst, dass du ungerecht behandelt wurdest:

- Er wird dich verteidigen und rechtfertigen.
- Er wird dich reichlich segnen.
- Du wirst charakterlich wachsen und geistliche Muskeln entwickeln.

Lass uns herausfinden, wie all das in deinem Leben geschehen kann – zu deinem Nutzen, um das Reich

Gottes zu bauen und – vor allem – zur Verherrlichung Gottes.

2

Sein ist die Rache

Ich war schon lange aus der dritten Klasse heraus, als ich lernte, dass es besser ist, es den Herr regeln zu lassen, wenn man Ungerechtigkeit erfährt und unfair behandelt wird.

Ich war eine Zeit lang Jugendpastor in einer großen Gemeinde mit etwa achttausend Mitgliedern. Ich war einem Pastor unterstellt, der wiederum dem Hauptpastor unterstellt war.

Ich liebte diese Arbeit. Gott hatte in meinem Herzen ein Feuer entfacht, diesen jungen Männern und Frauen die Wahrheit aus seinem Wort so klar wie möglich zu vermitteln. Deshalb waren meine wöchentlichen Predigten keine leichte Kost für sie. Ich lehrte sie über den Gehorsam gegenüber Gott, über Heiligkeit, das gekreuzigte Leben, wie man sich in die Abgeschiedenheit des Gebets begibt und sich Gott mutig nähert und ähnliche Themen. Jeden Dienstagabend brachte ich diesen 250 Jugendlichen eine harte Botschaft, und sie verschlangen sie.

In der Jugendgruppe war auch der fünfzehnjährige Sohn meines Vorgesetzten. Gott berührte diesen jungen Mann und er fing Feuer in seinem Leben. Nach einigen Monaten kam er eines Abends mit tränenüberströmtem Gesicht zu Lisa. Mit zittriger Stimme sagte er: „Lisa, wie kann ich das gottgefällige Leben führen, über das Pastor John jede Woche predigt, wenn bei mir zuhause meine Eltern Dinge tun, die einfach nicht richtig sind?" Dann gab er Lisa einige Beispiele.

Lisa war schockiert, denn es war mein Vorgesetzter, den der junge Mann beschrieb. „Hör zu, es geht nicht darum, was deine Mutter und dein Vater tun", sagte sie ihm. „Dein Leben ist eine Angelegenheit zwischen Jesus und dir. Was Pastor John predigt, betrifft das Leben, das du vor Gott lebst. Wie deine Mutter und dein Vater leben, liegt nicht in deiner Verantwortung. Überlasse sie einfach dem Herrn, bete für sie und respektiere sie." Das war alles, was Lisa einfiel, doch es war ein kluger Rat.

Ich weiß nicht, ob Lisas Begegnung mit dem jungen Mann und das, was dann geschah, in irgendeinem Zusammenhang standen oder nicht, doch um diese Zeit begann mein Vorgesetzter, mir das Leben sehr schwer zu machen. Ich erfuhr, dass er dem Hauptpastor Dinge über mich erzählte, die nicht wahr waren. Und gleichzeitig berichtete er mir Dinge, die der Hauptpastor angeblich über mich sagte. Es bildete sich eine Kluft zwischen dem Hauptpastor und mir, und es war offensichtlich, dass mein Vorgesetzter die Absicht verfolgte, mich loszuwerden.

Ein paar Monate waren vergangen, als eines Abends nach einem Jugendgottesdienst vier meiner Jugendlichen zu mir kamen – zwei von ihnen mit Tränen in den Augen. „Pastor John", platzte einer von ihnen heraus, „wir können nicht glauben, dass du gefeuert wirst!"

„Wie bitte?“, sagte ich. „Wo habt ihr das gehört?“ Ich brauchte einige Minuten, bis ich herausfand, dass das Gerücht seinen Ursprung bei dem Sohn des Co-Pastors hatte. Ich beschloss, mit ihm zu reden. „Wo hast du gehört, dass ich gefeuert werden soll?“, fragte ich den Teenager.

„Von meinem Vater.“

Das reichte mir. Ich vereinbarte einen Termin und ging zu meinem Vorgesetzten. „Es gibt etwas, das macht mir Sorgen, und ich möchte dir dazu ein paar Fragen stellen“, sagte ich zu ihm. „In der Jugendgruppe sind einige Jugendliche auf mich zugekommen und haben mir gesagt, ich würde gefeuert werden, und ich habe die Geschichte bis zu deinem Sohn zurückverfolgt. Er sagte mir, er habe das von dir gehört. Was ist da los?“

Der Mann wand sich in seinem Stuhl. „Nun, John, es tut mir Leid. Ich habe neulich nur meiner Frau gegenüber wiederholt, was der Pastor über dich gesagt hat, und mein Sohn muss uns belauscht haben. Es tut mir so Leid. Ich werde ihm sagen, dass er solche Dinge nicht mehr ausplaudern soll.“ Er gab mir keine weitere Erklärung.

„Na dann, danke“, sagte ich und verließ sein Büro. Jetzt war ich wirklich verwirrt. Ich wusste immer noch nicht, was es nun mit meiner angeblichen Kündigung auf sich hatte.

Die Unsicherheit hing für weitere zwei Monate über mir wie eine schwarze Wolke. Eines Tages sagten mir schließlich einige andere Mitarbeiter, dass die Entscheidung getroffen worden sei, mich zu entlassen, und am Sonntagmorgen teilte der Hauptpastor den Tausenden von Menschen im Gottesdienst mit: „Es wird drastische Veränderungen in der Gemeinde geben, deshalb werde ich mich am Dienstagabend mit allen Jugendlichen und ihren Eltern treffen." Ich saß hinter ihm auf der Bühne und dachte: „Ich weiß, worin diese drastische Veränderung besteht. Ich werde morgen früh gefeuert werden."

Das Wochenende war hart. Meine Frau und ich hatten bereits einen Sohn und sie war mit unserem zweiten schwanger. Sie sagte ständig: „John, was werden wir tun? Willst du nicht irgendetwas unternehmen? Musst du keine Pläne machen?"

Ich antwortete stets: „Liebling, Gott hat uns hierher geschickt, ich habe nichts Unrechtes getan und ich lege die ganze Angelegenheit in Gottes Hände."

Am nächsten Morgen wurde ich in das Büro des Hauptpastors gebeten. Das war in vier Monaten mein erstes Treffen mit ihm. Mein Vorgesetzter und ein weiterer Hauptpastor sollten ebenfalls dazukommen. Als ich sein Büro betrat, waren die beiden anderen Männer jedoch nicht anwesend.

„John, du weißt, dass Gott dich in diese Gemeinde geschickt hat und dass du sie nicht verlassen wirst, bis das vollbracht ist, wozu Er dich gesandt hat", sagte der Hauptpastor zu mir. Dann sah er mich an und fragte: „Warum will dich der Co-Pastor unbedingt loswerden? Warum will er, dass du gefeuert wirst?"

„Ich weiß es nicht!“, sagte ich. „Ich habe keine Ahnung, was ich getan habe.“

„Du musst herausfinden, was zwischen euch steht, und es richtig stellen. Wirst du das bitte tun? Mir gefällt dieser Streit nicht.“

„Natürlich werde ich das versuchen, aber ich versichere dir, dass ich nicht weiß, was los ist.“ Wir unterhielten uns noch einige Minuten, und bevor ich ging, sagte der Hauptpastor, ich könne jederzeit zu ihm kommen.

Ungefähr einen Monat später geriet ich an einen schriftlichen Beweis, der einige unzulässige Machenschaften meines Vorgesetzten offenbarte. Außerdem erfuhr ich, dass der Mann versuchte, den Musiklehrer sowie einen weiteren Pastor zu feuern. Ich dachte: „Okay, nun ist es an der Zeit, dem Hauptpastor dieses Dokument zu zeigen. Ich will, dass er erfährt, worauf dieser Kerl aus ist. Ich werde der Gemeinde damit sogar einen Dienst erweisen und den Dienst schützen.“ Ich war zu dem Schluss gekommen, dass der Pastor den Hauptpastor derart manipuliert haben musste, dass dieser für das, was geschah, blind war. Das Problem könnte ich schnell lösen. Angesichts der Möglichkeit, diesen Mann, der andere und mich verfolgte, entlarven zu können, fühlte ich mich fast edel.

Ich traf eine Verabredung mit dem Hauptpastor und am Morgen dieses Tages nahm ich mir etwas mehr Zeit zum Beten. Ich kämpfte vierzig Minuten lang, um für das Treffen wirkungsvoll zu beten. Immer wieder fragte ich den Herrn: „Wie soll ich dem Hauptpastor diese Informationen zukommen lassen? Soll ich ihm dieses Blatt zeigen oder soll ich es ihm nur berichten?“ Ich bekam keinerlei Weisung – es herrschte absolute Stille. So kämpfte ich mich weiter durch das Gebet. Nichts geschah. Schließlich hielt ich inne, sah nach oben und rief: “Herr, Du willst nicht, dass ich ihm das zeige, oder?”

Sofort geschah etwas Erstaunliches. Der Friede Gottes breitete sich in mir aus wie eine große Welle. Es war ziemlich offensichtlich, was Gott wollte. Ich nahm das Blatt, zerriss es in kleine Fetzen und warf sie in den Papierkorb. „Entweder bin ich völlig verrückt oder Gott wirklich gehorsam“, dachte ich. Wirklich, bei allem, was ich wegen dieses Mannes, der mir ans Leder wollte, durchgemacht hatte, erschien das, was ich gerade getan hatte, ziemlich verrückt.

Ein weiterer Monat verging. Nichts geschah. Ich hatte meinen Job, doch die Situation hatte sich nicht geklärt. Eines Morgens betete ich draußen auf einem der Parkplätze der Gemeinde. Ich habe es schon immer geliebt, im Freien zu beten, und meistens machte ich mich bereits eineinhalb Stunden vor Beginn des Gottesdienstes oder bevor das Bürogebäude aufgeschlossen wurde auf den Weg, damit ich noch etwas Zeit allein mit dem Herrn verbringen konnte. Als ich an diesem Morgen spazieren ging, fuhr mein Vorgesetzter heran und stellte seinen Wagen auf seinem Parkplatz ab. In diesem Moment gab mir der Herr ganz klar den Eindruck: „Ich will, dass du zu ihm gehst, dich entschuldigst und ihn um Vergebung bittest.“

Um ehrlich zu sein, ich war ziemlich verwirrt und verärgert. Ich sagte zum Herrn: „Was? Ich soll mich bei ihm entschuldigen? Ich habe *ihm* nichts getan. Herr, er ist der, der darauf hinarbeitet, dass ich gefeuert werde. Ich habe doch schon diesen Beweis zerrissen! Weshalb meinst du, sollte ich mich auch noch bei ihm entschuldigen?"

Ich sträubte mich. Vielleicht hatte ich den Herrn nicht richtig verstanden. Deshalb begann ich, ganz schnell über ein anderes Thema zu beten – die Mission. Und sofort wurde meine Gebetszeit so trocken wie die Sahara. Es war, als wäre Gott verschwunden. Natürlich wusste ich, dass Er noch da war; Er hat versprochen, uns nie zu verlassen oder im Stich zu lassen. Doch seine spürbare Gegenwart war nicht mehr da. Manchmal bin ich jedoch dickköpfig, und so fuhr ich fort, für die Brüder und Schwestern in der Missionsarbeit zu beten.

Ich kämpfte noch weitere zwanzig Minuten, bis ich schließlich fragte: „Okay, Herr, was willst du mir sagen?" Sofort kam der Heilige Geist zurück in meinen mobilen Gebetsraum und sprach zu mir: „Ich will, dass du zu ihm gehst und dich bei ihm entschuldigst."

Ich wusste, ich hatte keine andere Wahl. „Ich erreiche heute wohl nichts bei Dir, Herr, oder? Ich werde das tun müssen." So kam ich in die richtige Spur und begann, darüber zu beten, was ich zu meinem Vorgesetzten sagen sollte, weil ich nicht glaubte, dass ich mich bei ihm wegen etwas entschuldigen müsste. Doch der Herr zeigte mir einige Dinge auf, und so ging ich zum Büro meines Chefs. Ich setzte mich ihm gegenüber vor seinen Schreibtisch und sagte: „Ich war draußen und habe gebetet, als du heute morgen hergefahren bist. Da hat der Heilige Geist zu mir gesprochen und gesagt, ich müsse zu dir kommen und mich bei dir entschuldigen, weil ich dir gegenüber sehr kritisch und verurteilend war. Der Herr hat mir gezeigt, wie falsch das ist. Vergibst du mir bitte?“

Der Mann war überrascht, doch er sagte: „Nun, sicher. Ich vergebe dir.“

Wir unterhielten uns noch einige Minuten, und das war es dann.

Um ehrlich zu sein, war ich noch immer verwirrt. Doch ich fühlte mich gut, weil ich gehorsam gewesen war.

Weitere sechs Monate vergingen, und während dieser Zeit ließen die Angriffe des Pastors nach. Dann musste ich über das Wochenende verreisen, und während ich nicht in der Stadt war, brach bei ihm alles auseinander. All seine unrechten Taten wurden offenbar – und sie waren noch viel schlimmer, als ich gewusst hatte. Einiges war sogar illegal, sodass er dafür hätte angeklagt werden und ins Gefängnis kommen können. Doch der Hauptpastor entschied, ihm Gnade zu gewähren und ihn nicht anzuzeigen. Der Beweis wurde im Büro eines Anwalts hinterlegt und der Mann sofort entlassen.

In dieselbe Grube, die dieser Mann für mich gegraben hatte, war er am Ende selbst gefallen. Und nicht nur das, ich war auch vor dem Pastor und dem Büropersonal rehabilitiert, als sie sehen konnten, warum dieser Mann gegen mich gehandelt hatte. Nachdem ich einige Monate später von der Gemeinde in einen neuen Dienst eingeführt worden war, wurde ich fast ein Dutzend Mal gebeten, zurückzukommen und in den Hauptgottesdiensten der Gemeinde zu predigen.

Obwohl ich gewusst hatte, was die Bibel über unsere Reaktion auf ungerechte Behandlung lehrt, verstand ich es erst nach dieser Erfahrung wirklich tief in meinem Herzen. *Ich hatte es begriffen!* Seither ist mein Leben nicht mehr, was es früher war, und ich kann es kaum erwarten, das, was ich gelernt habe, an dich weiterzugeben.

Rächt euch nicht selbst

Im Brief des Apostels Paulus an die Römer finden wir sehr klare Anweisungen dazu, wie man reagieren soll, wenn man ungerecht behandelt wird.

Paulus wusste sicher alles über dieses Thema – von beiden Seiten. Vor seiner dramatischen Begegnung mit Jesus auf der Straße nach Damaskus hatte Saulus (der alte Name des Paulus) jeden Christen verfolgt, den er zu fassen bekam. Wir sprechen von jemandem, der Menschen misshandelte. Saulus war so voller Zorn und Hass auf die Christen, dass die Bibel sagt: „Saulus aber verwüstete die Gemeinde, indem er der Reihe nach in die Häuser ging; und er schleppte sowohl Männer als auch Frauen fort und überlieferte sie ins Gefängnis“ (Apg. 8, 3). Saulus feuerte den mordenden Mob an, als er Stephanus steinigte und zum Märtyrer machte. Und sogar noch auf dem Weg, auf dem Gott Saulus mit Licht umstrahlte und

Saulus auf die Erde fiel, sagt die Bibel, dass er „Drohung und Mord gegen die Jünger des Herrn" schnaubte (Apg. 9, 1).

Nachdem er Jesus kennen gelernt hatte, dauerte es jedoch nicht lange, bis er selbst erfuhr, wie es sich anfühlt, schlecht behandelt zu werden. Nachdem er seine erste große Predigt gehalten und mit aller Kraft bezeugt hatte, dass Jesus tatsächlich der Messias war, ratschlagten die Juden miteinander, ihn umzubringen. Der einzige Weg, wie er lebend aus Damaskus herauskommen konnte, war, von einigen Jüngern in einem Korb an der Stadtmauer herabgelassen zu werden. Später fasste Saulus (jetzt Paulus) die verschiedenen Leiden zusammen, die ihm als Apostel des Evangeliums widerfahren waren:

> *Von den Juden habe ich fünfmal vierzig Schläge weniger einen bekommen. Dreimal bin ich mit Ruten geschlagen, einmal gesteinigt worden; dreimal habe ich Schiffbruch erlitten; einen Tag und eine Nacht habe ich in Seenot zugebracht; oft auf Reisen, in Gefahren von Flüssen, in Gefahren von Räubern, in Gefahren von meinem Volk, in Gefahren von den Nationen, in Gefahren in der Stadt, in Gefahren in der Wüste, in Gefahren auf dem Meer, in Gefahren unter falschen Brüdern; in Mühe und Beschwerde, in Wachen oft, in Hunger und Durst, in Fasten oft, in Kälte und Blöße; außer dem Übrigen noch das, was täglich auf mich eindringt: die Sorge um alle Gemeinden.*
>
> 2. Korinther 11, 24–28

Dieser Mann hätte wirklich ein Buch darüber schreiben können, was es heißt, schlecht behandelt zu werden. Und auf seine Art tat er es auch. Lies, was dieser hochqualifizierte Experte, inspiriert vom Heiligen Geist, über dieses Thema schreibt:

> *Vergeltet niemand Böses mit Bösem; seid bedacht auf das, was ehrbar ist vor allen Menschen! Wenn möglich, soviel an euch ist, lebt mit allen Menschen in Frieden! Rächt euch nicht selbst, Geliebte, sondern gebt Raum dem Zorn! Denn es steht geschrieben: „Mein ist die Rache; ich will vergelten, spricht der Herr."*
>
> Römer 12, 17–19

Hast du das verstanden? Nach allem, was ihm in seinem Dienst am Herrn Jesus Christus und seiner Gemeinde widerfahren war, sagte Paulus: „Vergeltet niemand Böses mit Bösem."

Wenn ich dir diese Verse während einer meiner Predigten vorlesen würde, würde ich dich dazu drängen, zu jeder Zeile ein lautes „Amen!" zu sagen. Da ich dir gerade nicht in die Augen sehen und mir nicht sicher sein kann, dass du aufmerksam bist, bitte ich dich, dein Tempo zu verlangsamen und wirklich zu ergreifen, was Gottes Wort hier sagt. Wenn du ein bisschen schläfrig bist, leg das Buch hin und trinke eine Tasse Kaffee. Wenn du mit schlechter Behandlung erfolgreich umgehen willst, *musst du das verstehen.*

Paulus sagt, dass unsere Reaktion auf Verletzung grundsätzlich nicht darin bestehen sollte, dass wir Recht bekommen und sicherstellen möchten, dass wir als Sieger hervorgehen. Stattdessen sollten wir, wann immer es uns möglich ist, in unseren Beziehungen den Frieden suchen.

Kennst du den Ausdruck, etwas „einfach von sich abprallen zu lassen“? Dahinter verbirgt sich der Gedanke, die Einstellung zu haben, etwas hinzunehmen, statt immer ein Theater zu machen und zu kämpfen, um sicherzustellen, dass jedes gegen uns begangene Unrecht wieder gutgemacht wird.

Hast du schon einmal einen Menschen getroffen, der es nicht schafft, irgendetwas einzustecken? Wenn sich jemand in der Schlange vor der Kasse des Supermarkts vordrängt, muss unser Freund stets sagen: „Hey, Kumpel, siehst du nicht, dass es hier eine Schlange gibt?“. Dann wirft er dem Täter einen bösen Blick zu, der so voller Galle ist, dass er den Lack eines Autos ablösen könnte.

Das ist nicht die richtige Reaktion, wenn wir dem Gebot „vergeltet niemand Böses mit Bösem“ gehorchen wollen.

Und dann sagt Paulus uns, warum wir nicht immer auf uns selbst aufpassen müssen: „Geliebte, rächt euch nicht selbst … denn es steht geschrieben: ‚Mein ist die Rache; ich will vergelten‘, spricht der Herr.“

Das ist der erste wichtige Schlüssel, um zu lernen, wie man sich über schlechte Behandlung erhebt – von der kleinsten Verunglimpfung bis zum größten Verrat. Im Glauben verstehen und akzeptieren wir den Gedanken, dass uns unser himmlischer Vater verspricht, die Dinge für uns richtig zu stellen, wenn wir uns Ihm hingeben. Er ist letztendlich verantwortlich dafür, dass Gerechtigkeit geschieht – nicht du oder ich.

Die Worte der Bibel sind keine Vorschläge und auch keine Empfehlungen; sie sind Gebote. Gott spricht nicht wie manche Menschen, die Stille nicht ertragen können und deshalb irgendetwas daherplappern. Gott interessiert sich nicht für Smalltalk. Wenn Er spricht, spricht Er *große Worte*! Wenn Er etwas sagt, meint Er es auch so und spricht es in Autorität.

Gott sagt uns in der Bibel wiederholt: „Glaube nicht, dass du dafür verantwortlich bist, ‚zu vergelten', wenn du verletzt wirst." Im Folgenden führe ich einige Beispiele dafür auf:

- „Sage nicht: Ich will Böses vergelten! Harre auf den Herrn, so wird er dich retten!" (Spr. 20, 22)
- „Mein ist die Rache und die Vergeltung für die Zeit, da ihr Fuß wankt. Denn nahe ist der Tag ihres Verderbens, und was ihnen bevorsteht, eilt herbei." (5. Mo. 32, 35)
- „Sage nicht: Wie er mir getan hat, so will ich ihm tun, will jedem vergelten nach seinem Tun!" (Spr. 24, 29)
- „Denn wir kennen den, der gesagt hat: ‚Mein ist die Rache, ich will vergelten'" (Heb. 10, 30)

Siehst du das? Im Fleisch tun wir von Natur aus genau das Gegenteil – wir können es oft nicht erwarten, uns zu rächen. Doch das ist falsch. Gott gebietet uns, Ihn Gerechtigkeit herbeiführen zu lassen. Es ist nicht rechtens für Gottes Volk, sich selbst zu rächen; es liegt in Gottes Verantwortung, sein Volk zu rächen.

Gott wird sein Volk rächen

Die tief greifende Wahrheit, dass wir uns nicht selbst rächen sollen, ist ein Beispiel dafür, wie wir Christen in Schwierigkeiten geraten können, wenn wir den Schwerpunkt auf Dinge legen, die für Gott nebensächlich sind, und als Nebensache erachten, worauf Gott Wert legt. Es gibt viele Themen in der Bibel, die zwar interessant und hilfreich, jedoch keine Hauptwahrheiten sind. Zu oft verbringen wir zu viel Zeit damit, über diese zu sprechen, und kommen niemals wirklich dazu, uns mit einem großen Gedanken auseinander zu setzen, wie beispielsweise damit, wie Gott will, dass wir auf die Ungerechtigkeiten reagieren, die wir alle erfahren.

Als junger Christ habe ich etwas gelernt, wofür ich heute noch sehr dankbar bin: Es ist wirklich ein Schlag in Gottes Gesicht, eine Beleidigung für sein Wesen, wenn wir handeln, als ob wir nicht daran glaubten, dass Er etwas, das Er uns verheißen hat, auch tun wird. Das ist, als verspräche ich einem meiner Jungen: „Ich werde dir zu Weihnachten etwas Wunderbares schenken." Mein Sohn würde jedoch täglich zu mir sagen: „Ja, Papa, ich weiß, dass du mir ein großartiges Geschenk versprochen hast, aber ich glaube nicht, dass du es mir wirklich gibst!" Was für eine Beleidigung das wäre! Es würde mich verletzen und wütend machen.

Was glaubst du, wie Gott sich fühlt, wenn wir Ihm dasselbe antun? Er sagt, dass wir uns, sobald wir Ihm die Ungerechtigkeit anvertraut haben, entspannen sollen, weil Er Rache nehmen und die Dinge richtig stellen wird, wenn wir falsch behandelt worden sind. Zeigen unsere Taten, dass wir daran glauben?

Das ist der Grund, warum Jesus jedes Mal so betrübt war, wenn die Menschen nicht glaubten, dass Er tun würde, was Er gesagt hatte. Erinnerst du dich daran, als Er seinen Jüngern am Ufer des Sees von Galiläa sagte, sie würden in das Boot steigen und auf die andere Seite segeln? Er sagte nicht: „Ich hoffe, wir werden es hinüber schaffen."

Als die Zeit gekommen war, die Reise anzutreten, stiegen alle in das Boot. Jesus legte sich nieder, um ein Schläfchen zu machen. Er musste nicht die ganze Nacht über wach bleiben und sich darum sorgen, dass das Boot auf einen Felsen auflaufen und sinken könnte, oder dass Piraten das Boot kapern und sie alle als Geiseln nehmen würden! Jesus sprach mit Autorität, weil Er seinem Vater im Himmel gehorsam war. Jesus führte nur die Anweisung aus: „Bring die Jünger in dem Boot auf die andere Seite." Als dann der Sturm aufkam und die Jünger riesige Angst bekamen, befahl Jesus erst dem Sturm, sich zu legen; dann drehte Er sich um und tadelte die Jünger für ihren Kleinglauben. Er sagte: „Ich habe euch nicht gesagt, wir würden bis zur Hälfte des Sees fahren und dann sinken. Ich sagte, wir fahren an die andere Seite hinüber."

Gott steht zu seinem Wort. Wenn Er etwas verspricht, ist es beschlossene Sache. Sein Charakter ist makellos. Er kann nicht lügen. Er hat keine schlechten Tage oder gelegentliche Anfälle. Sein Wort ist der Fels. In der Bibel sagt der Herr: „… ich, der Herr, ich habe mich nicht geändert“ (Mal. 3, 6). Der Apostel Jakobus schreibt, dass in Gott „keine Veränderung ist noch eines Wechsels Schatten“ (Jak. 1, 17). Uns wird deutlich gesagt, dass Gott sich darum kümmert, die Ungerechtigkeiten, die wir erleben, richtig zu stellen. Unsere Aufgabe besteht darin, seinem Wort zu vertrauen und ihm zu gehorchen.

Es gibt noch etwas anderes, das ich betonen möchte. Paulus schrieb, dass wir, statt uns selbst zu rächen, dem Zorn Raum geben sollen. In anderen Worten: Wir können tatsächlich Gottes Weg, sich mit Ungerechtigkeiten zu befassen, behindern. Damit meint er, dass wir durch unsere falsche Reaktion auf schlechte Behandlung Gottes Werk, für uns Rache zu nehmen, behindern. Darüber werde ich später noch ausführlich sprechen. Jetzt reicht es, zu wissen, dass die Rache nicht unser ist; sie ist sein.

Und das, mein Freund, ist eine sehr gute Nachricht. Denk immer daran – der allmächtige Gott nimmt zur Kenntnis, was jedem von uns geschieht, und verspricht: „Ich werde mich darum kümmern.“

Halleluja!

3

Die richtige Reaktion

Wir haben gelernt, dass Gott will, dass wir es Ihm überlassen, sich mit der ungerechten Behandlung zu befassen, die wir erleben. Doch wie sollen wir reagieren? Es ist falsch, die Dinge selbst in die Hand zu nehmen. Doch was ist richtig?

Jesu Beispiel

Wenn irgendjemand wusste, wie man mit schlechter Behandlung umgeht, dann war es unser Herr Jesus Christus. Wenn wir beobachten, wie sich Jesus in harten Situationen in seinem Leben verhielt, werden wir verstehen, wie wir uns verhalten sollten.

Jesus wurde in seinem Dienst oft schlecht behandelt. Wir vergessen das manchmal, wenn wir uns auf all die wunderbaren Dinge konzentrieren, die Jesus tat – Er verwandelte Wasser in Wein, heilte die Blinden und Lahmen, speiste Tausende von Menschen mit ein paar Laiben Brot und einigen Fischen, ging auf dem Wasser, trieb Dämonen aus, beruhigte den stürmischen See und weckte Tote auf. All das erscheint glanzvoll und wir sehen keine Schwierigkeiten. Doch wir müssen bedenken, dass Jesu Leben auf der Erde unserem sehr ähnlich war – unter den guten Tagen gab es auch viele, an denen Er Angriffe abwehren musste.

Das begann aufs Heftigste als Er in der Wüste versucht wurde, wo Satan Ihn beleidigte und verspottete. Als Er dann seinen Dienst begann, setzten Ihm die Menschen mit ihrer Kritik zu. Die Schriftgelehrten verfolgten jeden seiner Schritte und schikanierten Ihn unablässig. Seine Jünger taten ihr Bestes, Ihm nachzufolgen und Ihm zu gehorchen, doch oft fielen sie in Unglauben und Misstrauen. Während seines Dienstes verließen Ihn viele seiner Jünger (siehe Joh. 6, 66). Sogar seine eigenen Brüder und Schwestern glaubten nicht an Ihn. Sie dachten, Er sei von Sinnen, und versuchten, Ihn nach Hause zu holen, damit Er aufhörte, die Familie in Verlegenheit zu bringen (siehe Mk. 3, 21).

Doch den schlimmsten Verrat und die schrecklichste Misshandlung erlitt er am Ende. In den letzten Tagen vor seinem Tod demonstrierte Jesus auf eindrucksvolle Weise, wie wir auf schlechte Behandlung reagieren sollen.

Natürlich erinnern wir uns daran, wie die Jünger Jesus den Rücken zukehrten. Es begann mit dem Entschluss des Judas, den Sohn Gottes für schnelles Geld auszuliefern. Die anderen Jünger konnten nicht einmal wach bleiben, um mit Jesus zu beten, und die Bibel sagt, sie verließen Ihn alle (Mk. 14, 50). Dann fluchte sogar Petrus, einer seiner engsten Freunde, voller Wut und leugnete, Ihn zu kennen.

Doch das Schlimmste stand noch bevor. Als Nächstes musste Jesus seine Scheinverhandlung vor Gericht durchstehen. Am Ende der Tortur gab uns Jesus ein Beispiel dafür, wie wir uns verhalten sollen, wenn uns Unrecht widerfährt:

> *Und am frühen Morgen fassten die Hohenpriester mit den Ältesten und Schriftgelehrten und dem ganzen Hohen Rat sogleich einen Beschluss, und sie banden Jesus und führten ihn weg und überlieferten ihn dem Pilatus. Und Pilatus fragte ihn: Bist du der König der Juden? Er aber antwortete und spricht zu ihm: Du sagst es. Und die Hohenpriester klagten ihn vieler Dinge an. Pilatus aber fragte ihn wieder und sprach: Antwortest du nichts? Siehe, wie vieles sie gegen dich vorbringen! Jesus aber antwortete gar nichts mehr, sodass Pilatus sich wunderte.*
>
> Markus 15, 1–5

Ist dir klar, wie diese Bibelstelle Jesu Reaktion beschreibt? Nachdem Er sich identifiziert hatte, wie ein Kriegsgefangener, „antwortete Jesus gar nichts mehr". Das ist wirklich unglaublich! Wenn irgendjemand in der Geschichte je Grund gehabt hätte, sich zu rechtfertigen und sicherzustellen, dass der Richter erfuhr, welch rohe Behandlung ihm widerfahren war, dann war es Jesus.

Dies war ein Gericht nach dem Gesetz – das höchste im Land – und die Zeugen (die Hohenpriester), die gegen Jesus aussagten, erzählten Lügen. Wir müssen wissen, dass die Hohenpriester nicht nur religiöse, sondern auch politische Führer waren. Wenn Rom ein Gebiet oder ein Volk erobert hatte, war es dem eingenommenen Gebiet erlaubt, sich unter der Überwachung durch Rom selbst zu verwalten. Als die Hohenpriester in diesem Gerichtssaal erschienen, waren sie somit die einflussreichsten Bürger der ganzen Nation. Und was diese Männer über Jesus sagten, enthielt nicht einmal ein Körnchen Wahrheit. Doch Jesus antwortete ihnen kein Wort. Er verteidigte sich nicht!

Warum entschied Er sich, zu schweigen und sich nicht zu verteidigen? Weil Er sich selbst und seine Angelegenheiten gehorsam dem Einen anvertraut hatte, der gerecht richten würde – seinem Vater im Himmel.

Und Pilatus, der die Verantwortung für dieses ungerechte Verfahren trug, wusste, was hier geschah – es war ihm sogar so deutlich bewusst, dass er schließlich hervorstieß: „Warum verteidigst du dich nicht gegen diese Lügen?" Als Jesus immer noch nicht antwortete, „wunderte" sich Pilatus. Für Pilatus war es keine Frage, dass Jesus hier aus Neid etwas angehängt werden sollte und dass seine Ankläger in Wirklichkeit nichts gegen Ihn vorzubringen hatten. So etwas hatte Pilatus noch nie zuvor gesehen. Die Männer, die vor sein Gericht gebracht wurden, waren normalerweise sehr darauf bedacht, sich zu verteidigen. Die Möglichkeit, von den Römern bestraft, ins Gefängnis geworfen oder gar getötet zu werden, war keine schöne Aussicht.

Historische Berichte aus dieser Zeit zeigen, dass Pilatus bereits von Jesus gehört hatte, bevor Er vor das Gericht gebracht wurde. Wie Herodes war auch Pilatus von Jesus fasziniert. Es gibt sogar Beweise dafür, dass Pilatus eine Unterhaltung mit Jesus geführt hatte. Pilatus' Frau hatte ihm gerade berichtet, dass sie von Jesus geträumt hatte, und zu ihrem Mann gesagt: „Habe du nichts zu schaffen mit jenem Gerechten!“ (Mt. 27, 19). Später, für die Kreuzigung, schrieb Pilatus die Aufschrift für das Kreuz – „Der König der Juden“. Die Hohenpriester beklagten sich heftig bei Pilatus und sagten, dass Jesus nur gesagt habe, Er sei der König der Juden, und dass das Schild entfernt werden müsse. Doch Pilatus tat nicht, was sie wollten, und sagte: „Was ich geschrieben habe, habe ich geschrieben“ (Joh. 19, 22).

Da stand Pilatus also, sah auf Jesus und hörte diesen blutrünstigen Lügnern zu, die Jesus aufgrund falscher Anschuldigungen hinrichten wollten. Und Jesus antwortete kein Wort, weil Er seinen Fall in die Hände seines Vaters übergeben hatte, der gerecht richten würde.

Das ist das persönliche Beispiel, das Jesus uns hinterlassen hat.

Es ist daher nicht überraschend, dass der Apostel Paulus diese Vorstellung gleichermaßen betont. Sowohl Jesus als auch Paulus waren sehr bewandert in den jüdischen Schriften und zitierten im Grunde wörtlich, was Salomo Hunderte von Jahren zuvor geschrieben hatte:

> *Wenn dein Hasser Hunger hat, gib ihm Brot zu essen, und wenn er Durst hat, gib ihm Wasser zu trinken! Denn glühende Kohlen häufst du auf sein Haupt, und der Herr wird es dir vergelten.*
>
> Sprüche 25, 21–22

Die Lektion für uns lautet: Wenn wir es jemandem heimzahlen wollen, dass er uns verletzt oder schlecht behandelt hat, sollen wir uns nach ihm ausstrecken – nicht um ihm eins aufs Auge zu geben! –, um ihm ein Stück Brot oder ein Glas kühles Wasser zu reichen. Natürlich kommt uns das unnatürlich vor, und solche Taten erfordern oft einiges an Kreativität. Doch um Gottes Plan gehorsam zu sein, müssen wir die Menschen segnen, die uns das Leben schwer machen.

Wenn uns also jemand gereizt oder verraten hat – oder was man uns sonst Böses antun kann –, sollten wir grundsätzlich immer so darauf reagieren:

- Wenn er durstig ist, bereite ihm eine Kanne Eistee.
- Wenn sie Hunger hat, wirf den Grill an.
- Wenn er kein Geld mehr hat, gib ihm etwas Geld.
- Wenn sie einsam ist, ruf sie an.
- Wenn er eine Affäre gehabt hat, arbeite weiter an eurer Ehe.
- Wenn sie dich im Straßenverkehr schneidet, lächle und fahre weiter.
- Wenn er dir Kummer bereitet hat, mache umsonst Überstunden für ihn.

Und wenn du dich dabei unbehaglich fühlst, den Menschen, die dich und deine Gefühle durch den Schmutz gezogen haben, so freundlich zu begegnen, du dich von ihnen ausgenutzt fühlst, erinnere dich an das, was Jesus für dich durchgemacht hat.

In den Anweisungen, die Er seinen Jüngern gab und die auch für dich und mich gelten, erklärt Jesus, weshalb wir uns nicht selbst verteidigen sollen, wenn wir Ihm nachfolgen und wir zu Unrecht beschuldigt werden. Sieh es einmal so: Wenn du hart darum kämpfst, deine Unschuld zu beweisen, begibst du dich schnell in die Hand deines Anklägers. Aus diesem Grund sagte Jesus:

> *Komm deinem Gegner schnell entgegen, während du mit ihm auf dem Weg bist! Damit nicht etwa der Gegner dich dem Richter überliefert und der Richter dem Diener und du ins Gefängnis geworfen wirst. Wahrlich, ich sage dir: Du wirst nicht von dort herauskommen, bis du auch den letzten Pfennig bezahlt hast.*
>
> Matthäus 5, 25–26

In anderen Worten wird dein Ankläger alles aus dir herauspressen, was du ihm seiner Meinung nach schuldest.

In dem Augenblick, in dem du Krawall machst und versuchst, dich zu rechtfertigen und zu verteidigen, machst du die Person, die dich beschuldigt, zu deinem Richter. Wenn du nämlich versuchst, auf jeden Punkt seiner Anklage einzugehen und dich zu verteidigen, unterwirfst du dich von diesem Moment an ihm und seiner Sichtweise. Dann hat er das Sagen. Wenn er nicht dein Richter ist, musst du ihm doch nicht Rechenschaft ablegen, oder? Du erhebst ihn zu deinem Richter, wenn du glaubst, du müsstest dich rechtfertigen.

Indem du versuchst, dich um jeden Preis zu verteidigen, verlierst du dein geistliches Recht auf Schutz. Dein

Ankläger erhebt sich über dich, da sein Einfluss durch deine Selbstverteidigung verstärkt wird. In Wirklichkeit gibst du ihm noch größere Macht über dich, wenn du darum kämpfst, für deine Rechte einzustehen!

Ein persönliches Beispiel

Lass mich das anhand eines Beispiels veranschaulichen. Vor einigen Jahren traf eine in christlichen Kreisen einflussreiche Person gegenüber zwei großen Organisationen eine falsche Aussage über mich. Es steckte kein Körnchen Wahrheit in dem, was sie sagte, doch innerhalb weniger Tage kostete ihre Anschuldigung unseren Dienst 10.000 Dollar.

Durch einen Anruf des Verwaltungsangestellten unseres Dienstes erfuhr ich, was geschehen war. Es machte mich sehr wütend. Ehrlich, ich ging fast an die Decke. Als ich den Anruf erhielt, saß ich gerade in der Lounge eines Flughafens und wartete auf meinen Flug nach Schweden. Das war Gottes Gnade, denn von dort aus konnte ich gar nichts tun, außer mich zu beruhigen und zu beten. Im Laufe der Jahre habe ich Eines gelernt: Wenn du in eine Krise oder in eine Situation gerätst, in der du schlecht behandelt wirst, unternimm nichts, bevor du nicht darüber geschlafen hast. Wenn du nichts von Gott hörst, solange du noch wach bist, wird Er zu dir sprechen, während du schläfst.

Ich ging also an Bord der Maschine und kochte innerlich. Ich kämpfte in meinem Fleisch und überlegte mir zahlreiche Möglichkeiten, wie ich die Dinge auf meine Art würde richtig stellen können. Irgendwo über dem Atlantik schlief ich dann ein.

Als ich am nächsten Morgen beim Anflug auf Stockholm erwachte, durchfuhr mich der Gedanke: „Du kannst das als Diebstahl betrachten. Du kannst im Geist verlangen, dass der Dieb das Gestohlene siebenfach erstatten muss" (vgl. Spr. 6, 31). Doch dieser Gedanke war nicht besonders befriedigend. Ich hegte immer noch Groll. Dann kam mir eine andere Idee: „Du könntest das nicht als finanziellen Verlust, sondern als Geschenk betrachten!" Bei dieser Vorstellung fühlte ich mich schon viel besser. Sie nahm meinen Gefühlen den Stachel. Ich fühlte mich glücklich – es macht Spaß, zu geben. Und außerdem, wenn man etwas gibt, verspricht der Herr, dass man hundertfach empfängt (siehe Mk. 10, 29–30).

Ich begann, über diese zweite Möglichkeit zu beten, und als ich nach Amerika zurückkehrte, erzählte ich Lisa und meinem Pastor, Ted Haggard, davon. Beiden gefiel die Vorstellung ebenfalls. Um das vor Gott zu besiegeln, beteten Lisa und ich zusammen: „Vater, wir wollen dieses Geld, das wir aufgrund dessen, was der Mann gesagt hat, verloren haben, als ein Geschenk im Namen Jesu geben; wir segnen diese finanziellen Mittel im Namen Jesu."

Damit war die Sache für mich erledigt. Ich war nicht mehr zornig, ich war glücklich. Ich konnte vergeben und weitermachen. Die ganze Angelegenheit lag in den Händen unseres allmächtigen Vaters.

Zehn Tage später klingelte ein Ehepaar bei uns in Colorado an der Tür. Sie waren aus Texas, sie waren also nicht zufällig in dieser Gegend. Ich öffnete die Tür, sie gaben mir einen Umschlag, wir unterhielten uns zehn Minuten und dann gingen sie wieder. In dem Umschlag steckten eine Karte sowie ein auf unseren Dienst ausgestellter Scheck in Höhe von 10.000 Dollar. Sofort sagte ich zu Lisa: „Sieh dir das an, Liebling! Das ist die einfache Rückerstattung – das Neunundneunzigfache kommt noch!“

Jesus war in Bezug auf dieses Thema so unnachgiebig, dass Er uns gebot, unsere Feinde weit über das Minimum hinaus zu segnen. Er sagte, dass wir, wenn wir uns dafür entscheiden, uns einem schlechten Menschen nicht zu widersetzen, uns nicht nur nicht verteidigen sollen, sondern dem Menschen, der uns schlecht behandelt hat, reichlich Barmherzigkeit und Segen zuteil werden lassen sollen.

Jesus gebrauchte folgendes Bild: „Und wenn jemand dich zwingen wird, eine Meile zu gehen, mit dem geh zwei!“ (Mt. 5, 41). Zu der Zeit Jesu konnten die römischen Bewohner jedem, der kein römischer Bürger war, befehlen, eine Meile lang ihr Gepäck zu tragen. Was Jesus damit sagen wollte, war: „Leg diese Sklaven-Mentalität ab und werde ein Diener.“ Ein Sklave tut gerade so viel, wie er tun muss. Ein Diener tut so viel, wie er tun kann. Ein Sklave *muss*, ein Diener will. Einem Sklaven wird etwas gestohlen; der Diener gibt.

Glühende Kohlen

Was haben nun Salomo und später Paulus damit gemeint, als sie sagten, wir würden „glühende Kohlen" auf das Haupt der Menschen häufen, die uns gekränkt haben? Das hört sich nicht sehr geistlich an!

Grundsätzlich heißt das, dass der Mensch, dem gegenüber du dich nicht selbst verteidigst, wenn er dich schlecht behandelt hat, sondern ihm in Barmherzigkeit begegnest, meist beschämt sein wird und von weiteren Beschuldigungen oder der falschen Behandlung Abstand nehmen wird. Er wird sich sehr schämen, es wird ihm wie Kohlen brennen, sodass die Angelegenheit mit hoher Wahrscheinlichkeit beendet wird – und vielleicht wird der Weg zu Buße, zu Versöhnung und sogar zu Freundschaft bereitet.

Der erste Grund, aus dem Gott uns sagt, dass wir uns nicht selbst verteidigen oder rächen sollen, besteht somit darin, dass so Raum für sein gerechtes Gericht geschaffen wird und unser Herz rein bleibt.

Wenn du nun denkst, gehorsam zu sein sei nur zu deinem Nutzen und letztendlich zum Guten für die Person, die dich schlecht behandelt hat – was natürlich richtig ist –, musst du wissen, dass dem Ganzen eine noch größere Absicht zugrunde liegt. Paulus fasste seinen Standpunkt zusammen, indem er sagte: „Lass dich nicht vom Bösen überwinden, sondern überwinde das Böse mit dem Guten!"

Diese Worte des Apostel Paulus enthalten eine große Wahrheit. Er sagt, dass wir zu Gottes wirksamen Werkzeugen zum Überwinden des Bösen werden, wenn wir auf schlechte Behandlung so reagieren, wie Er es will. Unsere Werke sind also nicht nur „nett" und insofern wirkungsvoll, dass unsere Beziehungen besser funktionieren – woran an sich schon nichts Falsches ist. Die Welt braucht eine Menge von diesem Salz und diesem Licht! Doch die wichtigere Auswirkung dessen, was Paulus hier lehrt, besteht darin, dass sich der gehorsame Christ, der demütig dem Beispiel Jesu folgt, der sich nicht zu verteidigen suchte, als Er misshandelt wurde, den Rängen der besten Krieger anschließt, die die Sache Christi und das Reich Gottes voranbringen. Sie besiegen nämlich das Böse!

Preis Gott – was für eine Ehre uns damit zuteil wird. Und es beginnt alles damit, dass wir die andere Wange hinhalten, ruhig bleiben und Gott unseren Verteidiger sein lassen, wenn wir ungerecht behandelt werden.

4

Die Frage der Autorität

Die schlechte Behandlung, die Menschen erfahren, wird ihnen oft von jemandem zuteil, der in einer Autoritätsposition über ihnen steht. Innerhalb der Familie könnte es die allzu strenge Behandlung eines Kindes durch den Vater oder die Mutter sein. Manchmal missbrauchen Lehrer oder Trainer ihre Autorität dazu, einen Schüler, der etwas einfach nicht begreift, oder einen Sportler, der keinen Ball fängt, bloßzustellen. Vorgesetzte geben vielleicht ungerechterweise ihren Angestellten in einem Lagerhaus für Versandfehler oder den Verlust eines großen Geschäfts an einen Konkurrenten die Schuld. Polizeibeamte werden gelegentlich fälschlicherweise der Diskriminierung bestimmter rassischer oder ethnischer Gruppen beschuldigt. Und – was vielleicht am traurigsten ist – es gibt auch Fälle in Gemeinden, in denen Autoritätspersonen ihre Position missbrauchen, um andere einzuschüchtern oder zu bekommen, was sie wollen.

Jede staatliche Autorität ist von Gott eingesetzt

Was sagt nun die Bibel darüber, wie wir uns gegenüber Autorität verhalten sollen? Der Apostel Paulus macht hierzu eine klare Aussage: „Jeder soll sich den bestehenden staatlichen Gewalten unterordnen" (Röm. 13, 1; *Hoffnung für alle*).

Selbst dem unabhängigsten Menschen fällt es sehr schwer, sich aus diesem Vers herauszuwinden. Das Wort „jeder" lässt keine Ausnahme zu. Und dass man sich „den bestehenden staatlichen Gewalten unterordnen" soll, ist gleichermaßen unmissverständlich und klar. Wir müssen unseren Hang zur Unabhängigkeit zurücknehmen und diese Wahrheit annehmen: Wir Christen sollen uns der legitimen Autorität in unserem Leben nicht widersetzen. (Ich werde später auf die wenigen Situationen eingehen, in denen es für einen Jünger Jesu notwendig ist, einer Autorität ungehorsam zu sein.)

Es dauerte eine Weile, bis ich das in allen Bereichen meines Lebens akzeptieren konnte. Ich mache es noch immer nicht vollkommen richtig, doch das Wort Gottes hat mich verändert und mittlerweile gelingt es mir schon viel besser als früher. Wenn ich in der Vergangenheit beispielsweise auf einer Schnellstraße unterwegs war und in meinem Rückspiegel plötzlich Blaulicht aufleuchten sah, versuchte ich vielleicht, „den Teufel zu binden" und mir einen Strafzettel vom Hals zu beten. Ich denke jedoch nicht, dass das die Reaktion ist, die Paulus meinte, als er sagte: „Jeder soll sich den bestehenden staatlichen Gewalten unterordnen."

Das letzte Mal, das ich an den Straßenrand fahren musste (ich bin froh, sagen zu können, dass dies nur noch selten vorkommt – mein rechter Fuß hat etwas an Gewicht verloren!), saß einer meiner Angestellten bei mir im Wagen. Dieser junge Mann war mit einem Vater aufgewachsen, der Polizeibeamte verachtete. Als er die Lichter hinter uns aufblitzen sah, wurde mein Beifahrer plötzlich wütend und begann, gegen den Polizisten zu wettern. Sofort sagte ich: „Warum sagst du so etwas? Gib nicht diesem Polizeibeamten die Schuld! Er ist ein Diener, den Gott eingesetzt hat, um die Öffentlichkeit zu schützen. Ich bin zu schnell gefahren! Er macht nur seine Arbeit."

Der Polizist kam an mein Fenster und verlangte meinen Führerschein und meine Fahrzeugpapiere. Damit ging er zurück zu seinem Wagen, um mich mit seinem Computer zu überprüfen. Diese Prozedur ist nicht angenehm. Es ist peinlich, am Straßenrand zu stehen, während andere Autofahrer bewusst langsam vorbeifahren, um einen Blick auf den Übeltäter ergattern zu können.

Nach einigen Minuten klopfte der Polizist an mein Fenster. „Herr Bevere", sagte er, „ich muss Ihnen aufgrund Ihrer überhöhten Geschwindigkeit einen Strafzettel geben." In diesem Moment konnte ich fast spüren, wie sich der Beamte anspannte und sich auf eine ärgerliche Reaktion von mir gefasst machte. Doch ich sagte nur: „Ich möchte Ihnen für das, was Sie getan haben, danken. Ich war im Unrecht. Ich bin schuldig; ich werde nicht vor Gericht ziehen, um mich zu verteidigen. Ich verdiene diese Strafe und ich möchte Ihnen für den Dienst, den Sie an unserer Stadt tun, danken, denn wir brauchen Sie. Gott segne Sie."

Ich habe gelernt, zu warten, bis der Beamte mir den Strafzettel tatsächlich gibt, denn wenn er ihn dir ausgehändigt hat, kann er ihn nicht mehr zurücknehmen. Ich tue das, weil die meisten Beamten nach meiner Reaktion so fassungslos sind, dass sie aussehen, als wollten sie sagen: „Kann ich ihn zurückhaben?" Doch dann ist es zu spät.

Mein Mitarbeiter im Auto war über mein Verhalten erstaunt und lernte eine Lektion fürs Leben. Er sah, wie wir uns gegenüber den Menschen, die über uns in Autoritätspositionen gesetzt sind, verhalten sollen – keine Widerrede, kein Beschuldigen anderer, kein eingeschnapptes und kein aufgeblasenes Gehabe. Wir sollen voller Respekt annehmen, was wir verdienen.

Der Hauptgrund, warum wir das tun, ist, weil Gott sich zu diesem Thema so deutlich äußert. In Römer 13, 1 (Hoffnung für alle) heißt es weiter:

> *Denn es gibt keine Autorität, die nicht von Gott kommt. Jede staatliche Autorität ist von Gott eingesetzt.*

In unserer Zeit hat Autorität einen negativen Ruf, in der westlichen Kultur vielleicht noch mehr als in anderen Teilen der Welt. Ich denke, man kann sagen, dass die Saat der Rebellion in den Jahren um 1930 gesät wurde, als die Professoren an den amerikanischen Universitäten begannen, den Studenten den aus Europa importierten Liberalismus und Rationalismus zu lehren. Die Früchte dieser Lehren wurden in den Sechzigerjahren sichtbar, sie spiegelten sich in einer respektlosen Haltung gegenüber

Autorität wider. Die Proteste gegen den Vietnamkrieg, der Zusammenbruch der traditionellen sexuellen Moral, das Entstehen der Drogenkultur, die steigende Scheidungsrate, der Werteverfall, der in Film und Fernsehen zu sehen war, und die Aufstände in den Innenstädten – all das und so vieles andere, das ebenfalls im Wandel begriffen war, war alles auf irgendeine Art mit dem schwindenden Respekt vor Autorität verbunden. Studenten, die protestierten und auf dem Campus herumtobten, bezeichneten Polizeibeamte als „Schweine". Der Respekt vor Politikern nahm aufgrund von Auseinandersetzungen über den Krieg und die Außenpolitik stark ab. Watergate war der erste von vielen Skandalen. Viele der Nachrichtenmedien wurden von einer Art Sensationsfieber gepackt; der Ruf vieler unserer Helden, der Ruf von Menschen im öffentlichen Leben und der Ruf von Menschen in Autoritätspositionen wurde durch den Schmutz gezogen.

Und dann – vermutlich das Schlimmste von allem – wurden mehrere bekannte Gemeindeleiter dabei ertappt, wie sie sexuelle Affären hatten, stahlen oder das Geld, das Gott ihnen in ihrem Dienst anvertraut hatte, missbrauchten. Kein Wunder, dass der Respekt vor Autorität naiv und dumm zu sein schien. Jetzt ernten wir als Gesellschaft die Früchte der Saat, die vom Feind ausgesät wurde.

Das einzige Problem bei jeder Missachtung von Autorität – und das ist ein großes Problem – ist, dass Gott sagt, wir sollen legitime Autorität gleich welcher Art respektieren, weil „jede Autorität" von Gott kommt. Auf den Punkt gebracht: Jede Autorität ist von Gott *eingesetzt.* Lass das auf dich wirken – es gibt *keine Autorität, die nicht von Gott eingesetzt ist!*

Es kann gelegentlich eine Situation geben, in der man der Autorität ungehorsam sein muss, und es gibt auch illegitime Autorität. Darauf komme ich später zurück. Doch dies sind sehr seltene Ausnahmen und die Bibel stellt klar, dass sich jeder den „bestehenden staatlichen Gewalten unterordnen" soll.

Viele Menschen haben mit dem, was das heißt, große Schwierigkeiten. Es kann den Anschein haben, dass dieses Gebot so hoch gesteckt ist, dass es für einen Christen praktisch unmöglich ist, ihm zu gehorchen. Doch das ist die Herausforderung dabei, ein Jünger Jesu zu sein. Keiner von uns kann tun, was Er gebietet, wenn wir es im Fleisch nicht aufgeben und Gott erlauben, uns mit seiner Gnade zu erfüllen. Das Leben als Christ wird von übernatürlicher Kraft angetrieben. Ohne diese Kraft kommen wir auf keinen grünen Zweig.

Gleich nachdem ich in meiner Bruderschaft an der *Purdue University* Jesus Christus kennen gelernt und als meinen Erlöser angenommen hatte, fasste ich einen Entschluss, für den ich heute noch sehr dankbar bin. Ich beschloss, dass ich, wenn die Bibel Gottes Wort war, sie lesen und ihr gehorchen würde, ob ich nun alles verstand, was ich las, oder nicht. Das tat ich nicht etwa, weil ich bereits ein so großartiger Christ gewesen wäre, sondern in erster Linie aus der Furcht Gottes heraus. Ich wusste, dass ich von meiner Sünde und meiner Zukunft in der Hölle erlöst worden war. Ich glaubte nicht, dass es klug wäre, Bibelverse danach zu sortieren, welche für mein Leben gelten würden und welche nicht. Natürlich gab es Zeiten, in denen ich aus Unkenntnis entgegen der Bibel gehandelt habe, doch in dem Ausmaß, in dem ich Gottes offenbartem Wort einfach gehorchte, wurde ich vor dem Bösen bewahrt und reich gesegnet.

Alle rechtmäßige Autorität kommt von Gott. Obwohl Menschen oft in wichtige Positionen, in denen sie über andere bestimmen können, gewählt werden, sind sie in diesen Autoritätspositionen, weil Gott sie dort hingestellt hat.

Ich erinnere mich noch daran, als mir das ganz klar wurde. Nachdem Bill Clinton 1992 für seine erste Amtszeit gewählt worden war, war ich mehrere Tage lang deprimiert. Um ehrlich zu sein, ich war sehr enttäuscht, dass dieser Mann der Präsident der Vereinigten Staaten sein würde. Als ich deswegen schließlich den dritten Tag Trübsal blies, sagte Gott mir klar: „John, niemand tritt in ein Amt ein, ohne dass ich es weiß.“ Er erinnerte mich daran, was die Bibel sagt – dass jeder in Autorität „eingesetzt“ ist. Obwohl wir in einem Land leben, in dem wir unsere Leiter wählen, sind sie letztendlich alle von Gott eingesetzt.

Du musst diese Wahrheit tief in deinen Verstand und deinen Geist aufnehmen: Alle legitimen Autoritätspersonen in deinem Leben – Eltern, ein Vorgesetzter, ein Lehrer, ein Pastor, ein Richter, ein Abgeordneter – wurden von Gott eingesetzt.

Gottlose Autorität

An diesem Punkt kommt oft starker Widerstand. Du denkst vielleicht: „Aber was ist mit Menschen in Autoritätspositionen, die wirklich böse, niederträchtig und hart sind? Hat Gott sie eingesetzt? War Adolf Hitler von Gott erwählt? Du kannst mir doch nicht erzählen, dass jede Autorität von Gott eingesetzt ist. Ich habe von Autoritätsausübung gehört oder sie gar erfahren, die ganz klar schlecht war."

Wir müssen uns entscheiden: *Vertrauen wir der Bibel?* Wenn unsere Antwort „ja" lautet, müssen wir das, was sie über Autorität sagt, akzeptieren und ihren Anweisungen gehorchen. Gott setzt Menschen in ihre Autoritätspositionen ein. Er ist jedoch nicht verantwortlich dafür, wie sie in diesen Positionen handeln. Viele sind böse und missbrauchen ihre Autorität. Wir müssen Autorität an sich davon trennen, wie sie ausgeübt wird. Gott setzt Menschen ein; die schlechten Eigenschaften und das böse Verhalten kommen von den Menschen. Deshalb können wir Folgendes festhalten: Alle Autorität ist von Gott, aber nicht alle Autoritätspersonen sind gottgefällig.

Es ist sehr interessant, wie der Apostel Paulus seine Anweisungen dazu, wie wir uns verhalten sollen, wenn Autoritätspersonen uns schlecht behandeln, angeordnet hat. Zuerst erinnert er uns daran, dass wir keine Rache üben sollen, und als Nächstes erörtert er Autorität. Ich denke, der Heilige Geist hat das so inspiriert, weil Er ebenso wie Paulus – aus persönlicher Erfahrung – wusste, dass es immer Menschen in Autoritätspositionen geben würde, die diejenigen, die unter ihnen stehen, ausnutzen, misshandeln und missbrauchen würden. Paulus musste uns unmissverständlich vermitteln, was Gott wiederholt sagt: „Mein ist die Rache, ich will vergelten."

Petrus befasste sich in seinen Briefen mit demselben Thema:

> *Erweist allen Ehre; liebt die Bruderschaft; fürchtet Gott; ehrt den König! Ihr Haussklaven, ordnet euch in aller Furcht den Herren unter, nicht allein den guten und milden, sondern auch den verkehrten!*
>
> 1. Petrus 2, 17–18

Im Wesentlichen sagt Petrus damit: „Was denkst du, wie du Gott, den du *nicht siehst*, ehren kannst, wenn du nicht einmal die Person, die über dir steht und die du *siehst*, ehrst?"

Als die Sklaverei noch weit verbreitet war, waren viele Christen selbst Sklaven. Obwohl Sklaverei immer etwas Scheußliches ist, glich die Stellung eines Sklaven oder Dieners in den Tagen des Neuen Testaments in mancherlei Hinsicht der eines heutigen Angestellten. Manche Sklaven waren hoch gebildet – unter ihnen fand man Doktoren, Bibliothekare, Lehrer, Musiker und Sekretäre. Manche waren ihren Herren offensichtlich überlegen (Quelle: *Interpreter's Commentary on the Whole Bible*). Doch die Anweisung, die Petrus gab, bestand darin, „zu tun, was der Boss sagt".

Es ist interessant, dass der König, den Petrus seine Leser zu ehren anwies, Herodes Agrippa I. war, also ein König, der Christen grausam verfolgte und sie töten ließ. Petrus bat seine Brüder und Schwestern nicht, sich der Autorität eines „netten, guten Königs" unterzuordnen. Er bat sie, einem skrupellosen Despoten zu gehorchen, der ihre Köpfe rollen sehen wollte. Sie konnten das nur tun, weil sie über die Persönlichkeit, die Entscheidungen und Taten des Königs hinaussahen und die Autorität erkannten, die ihm von Gott verliehen worden war.

Offen gesagt, es gibt einige Dinge, die wir Gläubige gehorsam tun, die wir nicht tun würden, wenn wir Gott nicht fürchten würden. Nach menschlichen Gesichtspunkten ist es nicht sonderlich sinnvoll, sich einem grausamen König unterzuordnen. Doch es ist immer äußerst sinnvoll, Gott zu gehorchen.

Die Furcht des Herrn

Heutzutage wird nicht allzu viel über die Furcht des Herrn gepredigt oder gelehrt. Das ist sehr schade, denn angemessene Gottesfurcht ist eine sehr gesunde Eigenschaft, die jeder besitzen sollte. Mehrere hundert Jahre bevor Jesus als der leibhaftige Sohn Gottes auf die Erde kam, prophezeite Jesaja, dass Jesus diese Eigenschaft besitzen würde:

> *... und er wird sein Wohlgefallen haben an der* ***Furcht des Herrn***. *Er wird nicht richten nach dem, was seine Augen sehen, und nicht zurechtweisen nach dem, was seine Ohren hören, son-*

> *dern er wird die Geringen richten in Gerechtigkeit und die Elenden des Landes zurechtweisen in Geradheit.*
>
> Jesaja 11, 3–4 (Hervorhebung hinzugefügt)

Du musst wissen, dass wir nur dann in der Lage sind, uns stets der gegebenen Autorität unterzuordnen, wenn wir – zusätzlich dazu, dass wir in der Kraft des Heiligen Geistes leben – den Herrn angemessen fürchten. Dann werden wir nicht über die Persönlichkeit eines Leiters urteilen, sondern stattdessen die Autorität sehen, die Gott diesem Leiter verliehen hat.

Es ist wirklich traurig, doch in Amerika sagen wir oft zu unseren Leitern: „Du wirst dir meinen Respekt erst noch verdienen müssen." Ein Mensch, der Gott fürchtet, würde stattdessen sagen: „Ich respektiere dich bereits, weil ich die Autorität anerkenne, die Gott dir gegeben hat." Ein Christ weiß dabei genau, dass Gott auf das Herz sieht und nicht aufgrund der Worte oder Taten eines Menschen urteilt. Er urteilt und richtet nach der Motivation und tut dies immer gerecht.

Dieselben Anweisungen gelten auch uns. Gott hat seine Meinung zu diesem Thema nicht geändert. Nur wenn wir den Herrn fürchten – nur wenn wir eine so ehrfürchtige Achtung vor dem Herrn haben, dass wir nicht einmal daran denken, in Frage zu stellen, was Er uns zu tun bittet –, werden wir gehorsam akzeptieren, dass alle Autorität auf der Erde einen gemeinsamen Ursprung hat: Gott.

Petrus führte die Lehre des Paulus aus und sagte: „Diener, seid euren Herren gehorsam." In unserer Zeit könnte man

Diener ersetzen durch *Angestellte, Schüler, Gemeindemitglieder, Soldaten, Beamte* – sehen wir der Tatsache ins Auge: Jeder hat jemanden über sich. Auch der mächtigste Mann dieser Erde, der Präsident der Vereinigten Staaten, muss sich der Autorität der Verfassung der Vereinigten Staaten und den Gesetzen des Landes unterordnen. Und natürlich ist der Präsident letztlich Gott gegenüber Rechenschaft schuldig, der ihn in sein Amt eingesetzt hat. Petrus' Weisungen gelten für alle.

Wir sollen uns folgende Haltung aneignen: „Ganz gleich, wie die Autoritätsperson ist, ich ordne mich ihr unter." In Petrus' Worten: „nicht allein den guten und milden, sondern auch den verkehrten."

Gott sei Dank haben wir meist wenigstens eine Autoritätsperson in unserem Leben, die wirklich nett ist. Es ist nicht schwierig, die Leiterschaft einer solchen Person zu akzeptieren und ihr zu gehorchen. Ted Haggard in unserer Gemeinde in Colorado ist ein guter und sanfter Hirte. Es ist eine Freude, sich seiner Autorität und Leiterschaft unterzuordnen. Doch Petrus machte nicht Halt bei den freundlichen Menschen über uns. Er stellte heraus, dass wir uns auch den „verkehrten Menschen" unterordnen sollen.

Vor langer Zeit, als ich mich noch mit der Bedeutung der Worte in diesem Vers auseinander setzte, dachte ich, ich könnte vielleicht irgendein Schlupfloch finden, wenn ich mir die Bedeutung des griechischen Wortes für *verkehrt* ansah. Ich fragte mich, ob die Übersetzer der Bibel mit ihrer Interpretation nicht ein wenig fehlgeleitet worden waren. War hier ein Fehler passiert? Meinte Petrus wirklich „verkehrt"? Ich überprüfte dies in den Büchern einiger Griechischexperten und begann mit *Thayers Greek Dictionary*. Dort fand ich die folgende Definition für *skolios*, das griechische Wort hinter dem deutschen „verkehrt": „betrügerisch, abgekehrt, böse und unfair".

Das war nicht ganz das, worauf ich gehofft hatte, deshalb schlug ich die Bedeutung als Nächstes in *Vine's Expository Dictionary* nach: „Tyrannische oder ungerechte Leiter". Ich suchte weiter in anderen Büchern und fand noch mehr Wörter, die im Wesentlichen „verkehrt, unehrlich, grausam, unvernünftig" bedeuteten.

Ich gebe zu, es handelt sich hierbei um eine biblische Wahrheit, die sich nicht gerade leicht schlucken lässt. Unsere fleischliche Lebenseinstellung protestiert dagegen, schreit auf, das müsse falsch sein – warum um alles in der Welt sollten wir uns einem grausamen, unvernünftigen, ungerechten und unehrlichen Tyrannen unterordnen? Der Grund ist – auch wenn uns das gar nicht gefällt –, dass Gott uns *sagt*, dass wir es tun sollen. Wir dürfen nie vergessen, dass Er ein wunderbarer Vater ist, der beste, den es gibt. Deshalb können wir darauf vertrauen, dass es für uns gut ist, den Autoritäten zu gehorchen, wie Er es gebietet.

Ungehorsam?

Gibt es Situationen, in denen wir das Recht haben, uns einer Autorität nicht unterzuordnen? Ja, obwohl solche Umstände selten sind. In unserem Leben stoßen wir beispielsweise gelegentlich auf unberechtigte Autorität. Das können Leiter bestimmter Kulte sein oder andere Menschen, die sich selbst in Machtpositionen gesetzt haben und Gott und seine Wege verachten. Paulus sagt, dass wir uns solchen Menschen nicht unterordnen müssen (siehe Gal. 2, 4–5). Etwas lockerer formuliert sagt er: „Wir schenken ihnen kein bisschen Aufmerksamkeit!"

Wenn du glaubst, dass du dich in einer Situation befindest, in der die Bibel es dir erlaubt, jemandem in Autorität ungehorsam zu sein, bedenke die folgende Aussage: *Wenn eine Autoritätsperson uns aufträgt, etwas zu tun, das der Bibel klar widerspricht, müssen wir die Grenze ziehen und voller Respekt „nein" sagen.*

Ein biblisches Beispiel für solchen Ungehorsam finden wir in der Geschichte von Schadrach, Meschach und Abed-Nego (siehe Dan. 3, 8–30). Diese drei jungen Männer wurden mit Daniel unter der Leiterschaft von König Nebukadnezar nach Babylon verschleppt. Den jungen Männern wurde zusammen mit dem Rest des Reiches befohlen, sich vor dem Götzenbild des Königs niederzuwerfen, sobald sie den Klang der Musikinstrumente hörten. Für die Juden verletzte diese Anweisung klar das zweite Gebot: „Du sollst keine anderen Götter haben neben mir" (5. Mo. 5, 7). Als also die Instrumente spielten, warfen sich diese kühnen Männer nicht nieder. Als König Nebukadnezar das hörte, wurde er wütend. Sie wurden vor ihn gebracht und verhielten sich respektvoll. Sie verhöhnten ihn nicht und sagten nicht: „Du heidnischer Blödmann, wir werden dir nicht gehorchen!" Sie sahen ihn an und sagten: „Nebukadnezar, wir haben es nicht nötig, dir ein Wort darauf zu erwidern“ (Dan. 3, 16–18), was bedeutet, dass sie ihm nicht gehorchen würden. Sie ehrten ihn und die Autorität, die Gott ihm verliehen hatte. Doch sie weigerten sich, die Quelle der Autorität, den allmächtigen Gott, zu entehren, und gehorchten dem Befehl des Königs nicht.

Auch David demonstrierte, wie man sich gegenüber falsch ausgeübter Autorität verhalten soll. Als Saul alles tat, was in seiner Macht stand, um David gefangen zu nehmen und ihn „zur Strecke zu bringen“, blieb David nicht im Palast. Er floh in die Wüste, doch er gab seine respektvolle Unterordnung gegenüber dem König, den Gott über ihn gestellt hatte, nie auf.

Heutzutage ist es beispielsweise eine schwierige Situation, wenn die Autoritätspositionen innerhalb der Ehe missbraucht werden. Wie die Bibel lehrt, wurde der Ehemann über seine Frau und seine Kinder gestellt. Wenn der Mann seine Autorität missbraucht, muss sich die Frau – mit derselben Haltung, die David gegenüber Saul einnahm – möglicherweise respektvoll widersetzen und sich vielleicht, wenn der Mann sich nicht mehr unter Kontrolle hat, entfernen. Es ist wichtig, dass wir uns bewusst sind, dass zwischen Unterordnung und Gehorsam ein Unterschied besteht. Eine Ehefrau ordnet sich ihrem Mann über ihre respektvolle Haltung ihm gegenüber unter, muss aber einem Ehemann, der sie missbraucht und sie bittet, Dinge zu tun, die Gottes Wort widersprechen, nicht gehorchen.

Aus Unklarheit in diesem Bereich geraten Frauen manchmal in ungesunde und gefährliche Situationen. Wenn ihr Mann sie oder ihre Kinder körperlich misshandelt, sagen sie: „Ich muss meinem Mann dennoch gehorchen." Nein, das müssen sie nicht. Das ist ein Fall, in dem man sich der Autorität voller Respekt aber dennoch entschieden widersetzen kann. Die Frau hat das Recht, unter Umständen sogar die Verantwortung, ihn zu bitten, zu gehen, und ihn zu seiner Mutter zurückzuschicken. Wenn er nicht geht, sollte sie gehen, doch dabei wie David seine Autorität weiterhin respektieren.

Die Bibel lehrt keinen bedingungslosen Gehorsam gegenüber Autorität; sie lehrt bedingungslose Unterordnung. Da besteht ein Unterschied. Beim Gehorsam geht es um unsere Taten, bei der Unterordnung um unser Herz.

Petrus schreibt, dass die Unterordnung der Frau ihren Mann gewinnt, wenn er ihren „reinen Wandel" und ihren „sanften und stillen Geist" sieht (1. Petr. 3, 2 und 4). Er sagt damit, dass Gott die Frau eines Mannes, der dem Wort Gottes nicht gehorcht, auf diese Weise benutzen würde, um die Veränderung im Herzen und Verhalten des Mannes schneller hervorbringen zu können.

Ich weiß, dass das oft schwer zu verstehen ist. Worauf ist Gott aus? Warum beharrt Er so auf diesen Punkten? Steckt etwa mehr dahinter, als man meinen würde? Allerdings! In den folgenden Kapiteln beschäftigen wir uns mit Gottes Plänen und Absichten.

5

Die Rolle des Leidens

Auch wenn du erst seit Kurzem Christ bist, weißt du bereits, dass Gott seine Kinder wirklich liebt. Eine der schlimmsten Lügen Satans ist: „Gott ist in Wirklichkeit ein alter Griesgram, und zudem ist Er gemein. Bleib lieber auf sicherem Abstand, denn Er wartet nur darauf, dass du einen Fehler machst, um dich dann gehörig zu bestrafen."

Nein, nein, tausendmal nein! Abba, Gott, unser Vater, ist ein wunderbarer Vater, der beste, den es gibt! Er wird nie etwas tun, das seinem Charakter widerspricht. Er trägt uns so etwas wie „Böses nicht mit Bösem zu vergelten" nicht auf, weil Er uns unglücklich machen wollte. Er tut es, weil Er uns liebt. Und darüber hinaus hat Er wundervolle Segnungen für uns geplant, wenn wir Ihm gehorchen. Das ist der Fall, wenn wir den Mund halten und nicht zurückschlagen, wenn wir schlecht behandelt werden.

Lass uns in dem Abschnitt in 1. Petrus, den wir uns angesehen haben, ein Stück weiter gehen. Im letzten Kapitel sprachen wir davon, dass Gott will, dass wir uns denen, die in Autoritätspositionen über uns stehen, unterordnen – ob sie nun gut und milde oder verkehrt sind. Petrus fährt fort:

Fühlst du dich unfair behandelt?

Denn das ist Gnade, wenn jemand wegen des Gewissens vor Gott Leiden erträgt, indem er zu Unrecht leidet.

1. Petrus 2, 19

Hier erhalten wir einen interessanten Einblick in etwas, das Gott gefällt. Wenn uns jemand schlecht behandelt und wir das daraus entstehende Leid und den Kummer würdevoll ertragen, hat Gott Gefallen daran. Er hält das für lobenswert. Denke nichts Falsches – Gott ist nicht sadistisch; Er springt im Himmel nicht vor Freude auf und ab, weil wir Ungerechtigkeit ertragen mussten. Nein, Er leidet mit uns, so wie Er litt, als Jesus zu Unrecht leiden musste. Als Petrus sagte, dass wir das „wegen des Gewissens vor Gott" tun, meinte er damit, dass Gott es liebt, wenn wir gegenüber seinen Wünschen so empfindsam sind, ihnen Gefolge leisten und dafür sogar Schmerzen in Kauf nehmen.

Wenn du also das nächste Mal Schwierigkeiten ertragen musst, weil jemand über dir seine Autorität nicht so ausübt, wie es Gott ehrt, sage dir: „Ich weiß, dass Gott es nicht mag, dass diese Person oder Behörde mich schlecht behandelt. Doch es gefällt Ihm, dass ich diese Behandlung mit einer Haltung ertrage, die von Respekt und Unterordnung zeugt. Gott freut sich an mir! Deshalb vertraue ich Ihm den Ausgang dieser Situation an."

Wenn du dich in so einer Situation wiederfindest, dann gib dir einen Ruck, statt zu jammern und zu stöhnen und dich zu beschweren, wie hart das Leben sei.

Petrus fährt fort, die Situationen, in denen Gott geduldiges Leiden um seinetwillen wirklich schätzt, zu erläutern:

> *Denn was für ein Ruhm ist es, wenn ihr als solche ausharrt, die sündigen und dafür geschlagen werden? Wenn ihr aber ausharrt, indem ihr Gutes tut und leidet, das ist Gnade bei Gott.*
>
> 1. Petrus 2, 20

In anderen Worten, wenn wir etwas Unrechtes tun und dafür bestraft werden, sollten wir das nicht „Verfolgung" nennen. Das ist ganz normal. Wenn wir etwas Dummes anstellen oder gegen das Gesetz verstoßen, sollten wir die Konsequenzen nicht „vergeistlichen". Wenn man bestraft wird, weil man etwas getan hat, das eindeutig falsch ist, dann erlebt man „selbstverschuldete Verfolgung". Gott hat weltliche Organe eingesetzt, die uns in solchen Fällen zurechtweisen.

Wenn du in deiner Einkommensteuererklärung angibst, sechs Kinder zu haben, in Wirklichkeit aber nur drei hast, das Finanzamt nachforscht und dich mit der Wahrheit konfrontiert und von dir eine saftige Steuernachzahlung plus Zinsen fordert – dann geh nicht in deinen Hauskreis und bitte um Gebet, dass du dafür nicht zur Rechenschaft gezogen werden mögest. Oder noch schlimmer: sage deinen Freunden bloß nicht, dass Gott eine große Belohnung für dich bereit hat, weil du hier um seinetwillen leidest. Gib deine Schuld einfach zu, bezahle das Geld, tue Buße und mache es nie wieder.

Es gibt einen Weg, dir selbstverschuldete Verfolgung zu ersparen: Tue nur, was richtig ist! Ein großer Teil des

Lebens als Christ verlangt nur gesunden Menschenverstand.

Worauf Petrus sich hier bezieht, ist legitime oder „gerechte" Verfolgung. Das liegt vor, wenn du alles richtig machst, am Ende aber für etwas beschuldigt wirst, das du nicht zu verantworten hast. Du wirst eindeutig „unfair behandelt".

Vergiss diese Wahrheit bitte nie: Statt auf ungerechte Behandlung zu reagieren, indem du weinst, jammerst, klagst und stöhnst, steh auf, erhebe deine Hände, schrei vor Freude und hüpf wie wild herum. Du hast getan, was Gott gefällt, und Er hat eine Belohnung für dich, die diese Reaktion verdient. Darauf werde ich später noch ausführlicher eingehen.

Die Berufung jedes Gläubigen

Eine Frage, die mir häufig gestellt wird, lautet: „Wie kann ich erfahren, wozu ich berufen bin?" Natürlich meint man für gewöhnlich: „Was ist der besondere Dienst, den Gott für mich hat?"

Wenn ich die Person, die mich das fragt, nicht sehr gut kenne und der Heilige Geist mir keine besondere Einsicht gegeben hat, weiß ich nicht, was ich auf diese Frage antworten soll – jedenfalls kann ich *nicht in allen Einzelheiten* darauf eingehen. Doch es gibt *eine* Antwort, die ich immer geben kann und die zu hundert Prozent für jeden Gläubigen gilt: Es ist deine Berufung, *mit ungerechter Behandlung richtig umzugehen.*

Oft reagieren Menschen auf diese Aussage sehr verhalten und sind nicht wirklich begeistert. Die meisten haben, wenn es um „unsere Berufung" geht, etwas im Sinn, das ein wenig glanzvoller ist. Und sicher gibt es andere Dinge, zu denen wir berufen sind, die wir für den Herrn Jesus und das Vorrücken des Reiches Gottes tun. Doch es ist auch wahr, dass jeder von uns dazu berufen ist, zu leiden. Die Bibel drückt sich in diesem Punkt unmissverständlich aus. Petrus sagt es folgendermaßen:

> *Denn hierzu seid ihr berufen worden; denn auch Christus hat für euch gelitten und euch ein Beispiel hinterlassen, damit ihr seinen Fußspuren nachfolgt.*
>
> 1. Petrus 2, 21

Die *Amplified Bible* macht die Aussage noch klarer: „Denn genau dazu seid ihr berufen worden (es kann von eurer Berufung nicht getrennt werden). Denn Christus hat auch für euch gelitten und euch ein (sein persönliches) Beispiel hinterlassen, damit ihr seinen Fußspuren nachfolgt."

Hast du die Aussage des Satzes „es kann von eurer Berufung nicht getrennt werden" erfasst? Das bedeutet, dass du, ganz gleich, was du für Gott tust, die Tatsache akzeptieren musst, dass du ungerechte Behandlung erdulden werden musst. Wenn du dich auf Christus ausrichtest, wird ein Teil deines Auftrages lauten, zu leiden – so, wie Er es für dich tat.

Wir wissen nun, was von uns erwartet wird. Was genau tat Jesus, das wir nachahmen sollen? Was war sein persönliches

Beispiel? Petrus gibt uns die Antwort darauf und sagt über unseren Herrn:

> *… der keine Sünde getan hat, auch ist kein Trug in seinem Mund gefunden worden, der, geschmäht, nicht wieder schmähte, leidend, nicht drohte, sondern sich dem übergab, der gerecht richtet.*
>
> 1. Petrus 2, 22–23

Wie wir bereits gesehen haben, wurde Jesus, obwohl Er vollkommen war, dennoch ungerechterweise vieler Dinge angeklagt. Er begab sich jedoch nie in die Defensive und versuchte nicht, jemanden davon zu überzeugen, dass Er das Opfer war. Wenn Menschen ihn schmähten oder beleidigten, trug Er es würdevoll. Er weigerte sich, in „Wie du mir, so ich dir"–Spielchen verwickelt zu werden. Er kämpfte nicht mit spitzen oder abfälligen Bemerkungen und „machte" seine Gegner nicht „fertig". Er vergalt nie Böses mit Bösem. Er war zwar Gottes Sohn, aber glaubst du nicht, dass Er in seiner Menschlichkeit hin und wieder den Drang verspürte, sich zu verteidigen? Er diskutierte manchmal mit den Pharisäern und anderen Schriftgelehrten, doch du findest keine Gelegenheit, in der Er versuchte, seine „Rechte" zu verteidigen. Warum war Jesus in der Lage, so viele Misshandlungen und Beleidigungen zu ertragen und nicht dagegen anzukämpfen?

Ein kurzer Satz im Brief des Petrus erklärt alles – und nennt uns außerdem den Grund dafür, dass wir nicht zurückschlagen sollen, wenn uns Unrecht widerfährt. Petrus sagt von Jesus, dass Er „sich dem übergab, der gerecht richtet".

Das ist es! Jesus wusste, dass sein Vater die Kontrolle besaß über sein Leben und über alles, was Ihm widerfahren würde. Er war sehr vertraut mit seinem himmlischen Vater. Er hatte keinen Zweifel daran, dass der allmächtige Gott sich nach seinem Zeitplan um jedes Unrecht kümmern würde. Jesus musste nicht für seine Rechte kämpfen. Und auch wir müssen das nicht tun. Der mächtige Herrscher des Universums schläft nicht und ist sich durchaus bewusst, was geschieht, wenn die Gerechten um seinetwillen leiden.

Ich werde nie vergessen, als ich von einer Autoritätsperson in meinem Leben angegriffen wurde. Es wurden Anklagen gegen mich aufgebracht, die einfach gelogen waren, und ich bedauere, sagen zu müssen, dass ich mich monatelang verzweifelt selbst verteidigte.

Während all das geschah, sprach eines Tages der Heilige Geist im Gebet zu mir. „Mein Sohn“, sagte Er, „solange du dich selbst verteidigst, tue ich Folgendes.“ Dann sah ich eine Vision des Herrn, doch Er war nur von den Schultern abwärts zu sehen. Ich sah sein Gesicht nicht und mir fiel auf, dass Er seine Hände und Arme hinter seinem Rücken hielt.

Als ich weiterbetete, gab Er mir den Eindruck: „In dem Moment, in dem du aufhörst, dich selbst zu verteidigen, geschieht Folgendes.“ Dann sah ich, wie seine Arme und Hände nicht länger hinter seinem Rücken waren; stattdessen wirkte der Heilige Geist aktiv in dieser Situation, in der mir Dinge vorgeworfen wurden.

Das ist definitiv ein Bild dessen, was Gott für dich und mich tun wird, wenn wir seinem Gebot gehorchen und unsere Berufung annehmen, schlechte Behandlung um seinetwillen richtig zu ertragen. Wir hören auf, unsere eigenen Schlachten zu schlagen und sagen durch unsere Worte und Taten: „Ich gehöre zum Gott des Himmels und der Erde. Er hält sein Wort. Er ist ein großartiger Vater. Ich lasse zu, dass Er sich um mich kümmert. Gott sorgt nach seinem Plan für Gerechtigkeit. Er stellt sicher, dass ich fair behandelt werde. Ich vergelte Böses nicht mit Bösem. Ich muss die Sache nur Ihm anvertrauen."

Wenn du wirklich Ihm gehörst, erlebst du nie ungerechtes Leid, das nicht einen Zweck hat. Gott lässt es nicht zu. Jedes ungerechte Leid, das du durchmachst, wird auf der ganzen Linie zum Segen – wenn du auf Gottes Art und Weise reagierst.

Der Mensch, der diesen Weg geht, sieht, dass die mächtige Hand Gottes ein gerechtes Urteil fällt.

Der Dienst der falschen Behandlung

Wenn wir mit schlechter Behandlung richtig umgehen, hat das etwas Geniales zur Folge. Du wirst ausflippen! Bist du bereit, zu hören, worum es geht? Du wirst es lieben!

Ich möchte zur Einleitung einen Vers aus dem Hebräerbrief heranziehen:

> *Durch Glauben baute Noah, als er eine göttliche Weisung über das, was noch nicht zu sehen war, empfangen hatte, von Furcht bewegt, eine Arche*

> *zur Rettung seines Hauses. Durch ihn [d. h. durch den Glauben]* ***verurteilte er die Welt*** *und wurde Erbe der Gerechtigkeit, die nach dem Glauben ist.*
>
> Hebräer 11, 7 (Hervorhebung sowie Anmerkung hinzugefügt)

Beachte, dass es in diesem Vers nicht heißt: „Gott verurteilte die Welt". Dieser Vers besagt etwas Kraftvolles. Er sagt, dass Noah durch seinen Gehorsam die Verurteilung der Welt ins Rollen brachte. Das ist enorm! Das ist die Kraft, die entfesselt wird, wenn wir Gläubigen das tun, was Gott sagt. Mache dir diese Tatsache bewusst: Gott unterbreitet keine Vorschläge, er stellt keine Empfehlungen aus. Er befiehlt uns, uns nicht zu rächen, wenn wir schlecht behandelt werden. Warum? Weil wir, indem wir das tun, „glühende Kohlen" auf das Haupt dessen sammeln, der uns falsch behandelt. Das hat zur Folge, dass das Gericht Gottes beschleunigt wird.

Wenn wir das Wort „Gericht" hören, haben wir oft Feuer und Schwefel vor Augen. Doch im Neuen Testament bedeutet Gericht, dass sich Gott für oder gegen etwas entscheidet. Weißt du, wie die Entscheidung Gottes in einer bestimmten Situation aussehen könnte? Denk einmal über diese Möglichkeit nach: Der Person, die dich schlecht behandelt, könnten ihre Sünden vergeben werden und sie könnte errettet und von ihrem Verhalten befreit werden.

Ich kenne eine Frau, deren Mann sie jahrelang misshandelte. Dieser Mann wollte in seinem Leben nichts mit Gott zu tun haben. Seine Frau tat alles, was sie konnte, um ihn dazu zu bringen, Jesus anzunehmen und ein gottgefälliger Mann zu werden. Doch er tat es einfach nicht.

Nachdem sie jahrelang frustriert gekämpft hatte, sagte der Herr eines Tages zu ihr: „Wie lange willst du die Errettung deines Mannes noch verhindern?“

„Was hast du gesagt?“, fragte sie.

Dann zeigte der Herr ihr all die Dinge, die sie tat und sagte, die das Wirken Gottes im Leben ihres Mannes störten und verlangsamten. Der Herr sagte ihr, sie solle aufhören, diese Dinge zu tun, und sie gehorchte. Sie wurde ruhig und unterstützte ihren Mann mehr. Sie jammerte nicht und kritisierte ihn nicht. Sie trat zurück und ließ Gott sein Werk tun.

Zwei Monate später wurde ihr Mann gerettet! Ich bin häufig zu Gast bei ihnen zuhause und du kannst es mir glauben: ihr Mann ist in Christus eine neue Schöpfung geworden. Sie muss nicht mehr herumnörgeln, ihm sagen, dass er ein Mann Gottes sein solle. Durch ihren Gehorsam hat diese Frau Gottes Gericht, also seine Entscheidung, einzugreifen, beschleunigt.

Dieses Beispiel soll nur veranschaulichen, was ich den „Dienst der falschen Behandlung“ nenne. Gott hat immer einen Grund, wenn Er uns aufträgt, etwas zu tun. Wenn Er uns gebietet, von Rache Abstand zu nehmen und Ihn richten zu lassen, ist das nicht einfach etwas, das Gott sich in den Kopf gesetzt hätte, etwas, das Ihm irgendwie das Gefühl gibt, gut oder bedeutend zu sein. Nein, Gott verschwendet seine Energie und seine Ressourcen nicht. Er verfolgt mit dem Leid, das wir durch ungerechte Behandlung erfahren, eine Absicht.

Doch wie tritt diese Absicht zutage? Und wann?

Lass uns die Antworten darauf in Gottes Wort finden.

6

Gesegnet sind die Misshandelten

Wirst du gerne gesegnet?

Diese Frage mag lächerlich erscheinen, doch ich bin schon auf einige Christen gestoßen, die so tun, als wäre Gott ihnen wohlgesinnter, wenn sie seine großartigen Verheißungen nicht ergreifen und annehmen.

Wenn ich mir ansehe, wie Jesus den Mann am Bethesda-Teich fragte, denke ich, dass Jesus auf dieselbe Einstellung getroffen sein muss. Jesus sagte zu ihm: „Willst du gesund werden?" (Joh. 5, 6). Scheint das nicht eine merkwürdige Frage zu sein – es sei denn, Jesus traf Menschen, die wirklich nicht haben wollten, was Er anzubieten hatte?

Ich habe bereits darauf hingewiesen, dass Gott uns nicht aufträgt, wenn wir schlecht behandelt werden, „Böses nicht mit Bösem zu vergelten", ohne uns im Gegenzug einen bedeutenden Segen anzubieten. Natürlich sollten wir uns Gott gegenüber nie wie schlecht gelaunte Angestellte verhalten. Er fordert unseren Gehorsam und wir sollten Ihm diesen freudig geben, weil wir seine Ihm kostbaren Kinder sind. Doch unser Vater im Himmel gibt großzügig und Er möchte uns dafür segnen, dass wir um seinetwillen schlechte Behandlung und Leid auf uns nehmen.

Der Apostel Petrus beschreibt, was geschehen wird, folgendermaßen:

> *... und vergeltet nicht Böses mit Bösem oder Scheltwort mit Scheltwort, sondern im Gegenteil segnet, weil ihr dazu berufen worden seid,* ***dass ihr Segen erbt!***
>
> (1. Petr. 3, 9; Hervorhebung hinzugefügt)

Diejenigen von uns, die zum Leib Christi predigen und ihm dienen, können in Schwierigkeiten geraten, wenn wir ausrufen, was Gott flüstert, und flüstern, was Gott ausruft; das heißt, wenn wir dem, was Er nicht betont, zu viel, und dem, was Er betont, zu wenig Bedeutung zukommen lassen. Die Aussage dieses Verses verdient es, ausgerufen und nicht nur geflüstert zu werden.

Vergiss nie, was uns als Christen verheißen wird: *Wenn wir dafür, dass wir das Richtige tun, falsch und schlecht behandelt werden, erhalten wir großen Segen von unserem Vater.*

Um es noch einmal zusammenzufassen: Gott bittet uns hauptsächlich aus den folgenden Gründen darum, dass wir uns auch bei harter Behandlung unterordnen und uns nicht selbst verteidigen:

- Wir schaffen Raum für Gottes gerechtes Urteil.
- Wir erben Segen.

Petrus zitiert, was David in Psalm 34 schreibt, und fügt so noch weitere Einzelheiten hinzu:

> *„Denn wer das Leben lieben und gute Tage sehen will, der halte Zunge und Lippen vom Bösen zurück, dass sie nicht Trug reden; er wende sich ab vom Bösen und tue Gutes; er suche Frieden und jage ihm nach! Denn die Augen des Herrn sind gerichtet auf die Gerechten und seine Ohren auf ihr Flehen; das Angesicht des Herrn aber ist gegen die, welche Böses tun."*
>
> 1. Petrus 3, 10–12

In anderen Worten: wenn du beleidigt wirst, segne. Wenn dich eine Autoritätsperson schlecht behandelt, segne sie. Indem du das tust, machst du dich selbst zu einem Anwärter für Segen.

Wenn du das nächste Mal ungerecht behandelt wirst – und erst recht, wenn das von einer Autoritätsperson geschieht –, musst du deinen Mann oder deine Frau anrufen und deinen Freunden von der guten Nachricht berichten: „Gott hat Segen für mich geplant. Ich kann es kaum erwarten, zu sehen, was Er tun wird!"

Andererseits musst du dir klar machen, dass, wenn du stolperst und nicht richtig auf ungerechte Behandlung reagierst, etwas Gutes, das Gott dir geben will, noch eine Weile braucht, um zu dir zu gelangen.

Haben wir überhaupt eine Vorstellung davon, wie viel Segen wir bereits verschwendet haben, weil wir „das letzte Wort haben", unsere „Rechte verteidigen" oder „jemandem etwas heimzahlen" mussten? Wie viel werden wir im Himmel vor dem Richterstuhl weinen, weil uns klar wird, was wir verloren haben, als wir mit ungerechter Behandlung nicht richtig umgegangen sind?

Gottes Ernte

Wenn wir sehen wollen, wie das Reich Gottes mächtig auf der Erde vorrückt, müssen wir die Ernte des Leibes Christi einbringen. Gott will, dass wir die Segnungen seiner Ernte erhalten. Ich brauche deine Ernte und du brauchst meine. Wenn jeder Christ die Ernte einfährt, die Gott für ihn vorgesehen hat, bringt das mit sich, dass Gottes Reich sich ausbreitet und Seelen errettet werden.

Gott *will* das. Wir wollen nicht damit enden, dass wir im Himmel vor Gott stehen und Er sagt: „Ich hatte eine Ernte für dich, und nun sieh auf die Auswirkungen, sieh auf die Menschen, die es nicht hierher geschafft haben, weil du deine Ernte nicht eingebracht hast! Sieh auf den finanziellen Segen, den gesellschaftlichen Segen, den geistigen und geistlichen Segen, den du hättest haben können." Es ist Gottes Plan, uns in jedem Bereich unseres Lebens zu segnen – im Geist, in der Seele, unsere Finanzen, unsere Besitztümer – einfach in allen Bereichen.

Die Ernte bezieht sich immer auf Vermehrung, und das nicht nur auf persönlicher Ebene, sondern auch mit Wirkung auf alle. Die Anfänge sehen wir gut in Gottes Verheißung an Abraham:

> *Und ich will segnen, die dich segnen, und wer dir flucht, den werde ich verfluchen; und in dir sollen gesegnet werden alle Geschlechter der Erde!*
>
> 1. Mose 12, 3

Gott sagte Abraham, dass die Belohnung für seinen Gehorsam ein persönlicher Segen sein würde, der sich auf alle Familien der Erde ausdehnen würde. Wir erhalten noch immer den Segen, der unserem Vater Abraham aufgrund seines Gehorsams zuteil wurde.

Gott segnet auf viele Arten: „Jede gute Gabe und jedes vollkommene Geschenk kommt von oben herab, von dem Vater der Lichter …" (Jak. 1, 17). Manchmal ist es ein finanzieller Segen; manchmal ist es Weisheit oder Erkenntnis. Bedenke den Segen Johannes des Täufers – er war nicht reich und besaß nicht viel. Ganz im Gegenteil – er lebte in der Wüste, trug „Designer-Mode" aus Tierhäuten und aß „Gourmet-Mahlzeiten" aus Heuschrecken und wildem Honig. Doch sieh auf die prophetische Einsicht, die ihm gegeben wurde, und die Autorität, mit der er sprach. Er hatte die Ehre, den Erlöser der Welt zu taufen. Und Jesus sagte über ihn: „Unter den von Frauen Geborenen ist kein Größerer aufgestanden als Johannes der Täufer" (Mt. 11, 11). Johannes brachte seine Ernte ein, und noch immer werden Menschenleben davon berührt.

Betrachte Joseph von Aramathea: Er war ein Mann, der mit Reichtum gesegnet war, und einen Teil seines Reichtums verwendete er als Spende für das vorübergehende Grab unseres Herrn. Dort fand die Auferstehung statt. Joseph brachte seine Ernte ein. Und noch immer werden Menschenleben beeinflusst.

Jeder von uns hat unterschiedliche Gaben und die Ernte kommt normalerweise in den Bereichen, in denen Gott uns beschenkt hat. Wenn du ein Geschäftsmann bist und ungerecht behandelt wirst, erfolgt deine Ernte wahrscheinlich in Form von größeren geschäftlichen Möglichkeiten. Als Ergebnis erreicht dein Einfluss noch mehr Menschen.

In meinem Leben ist mir aufgefallen – und das wird bei dir ebenso der Fall sein –, dass ich umso mehr in der Lage war, das Leben anderer zu beeinflussen, je mehr Gott mich gesegnet hat. Wir Christen müssen aufwachen und in dem leben, was wir wirklich sind – Erben des Königs und keine bedauernswerten, armen Leute! Jesus ist der König der Könige, nicht der König der Armen! Warum haben heute gottlose Schauspieler, Politiker, Geschäftsmänner, Profisportler und Pornografen wie Hugh Heffner den größten Einfluss? Kann es sein, dass sich die Christen den Segen, den Gott uns geben will, damit die Ernte wächst, nicht zu Eigen machen? Gott wird jedem geben, was er für seine Ernte verlangt. Abraham brauchte Vieh, Silber und Gold, weil er eine Nation aufzubauen hatte. David brauchte Silber, weil er einer Nation vorstand. Elia benötigte solche Reichtümer nicht, weil er Einsicht von Gott hatte und eine andere Rolle spielte.

Wenn Gott dich segnet, wird Er es in dem Bereich tun, in den du berufen bist. Und Gott will den ganzen Leib Christi dazu gebrauchen, die Ernte einzubringen. Das ist der Grund, warum er Leiter und Geber, Lehrer und Helfer und __________ (dich) gemacht hat.

Brians Segen

Ich möchte dir eine Geschichte erzählen, die zeigt, wie Gott uns segnet, wenn wir so mit ungerechter Behandlung umgehen, wie Er es möchte. Sie veranschaulicht auch, wie Segen geschehen kann – oft im Bereich deiner Berufung. In diesem Fall wurde ein Geschäftsmann im Bereich seiner Arbeit gesegnet.

Ich habe einen engen Freund, Al Brice, der Pastor ist. Vor einigen Jahren war er der Pastor einer Gemeinde in Dallas und predigte aus 1. Petrus über das hier behandelte Thema – „die richtige Reaktion auf falsche Behandlung".

Als Al seine Predigt im Sonntagmorgengottesdienst beendet hatte, kam ein Gemeindemitglied (ich nenne ihn Brian) auf ihn zu und stellte ihm eine Frage: „Pastor Brice", sagte er, „ich arbeite als leitender Angestellter für eine sehr große Versicherungsgesellschaft. Vor Kurzem war ich als Nächster an der Reihe, Vizepräsident zu werden. All meine Kollegen wussten, dass ich die Beförderung verdient hatte. Mir stand diese Position wirklich zu. Doch als sie frei wurde, gab die Firma sie einem anderen Mann."

„Warum haben sie das getan?", fragte Pastor Brice.

„Weil der andere Mann weiß ist und ich schwarz bin. Das ist Diskriminierung. Und ich glaube auch, dass ich das beweisen kann. Ich kann dem gerichtlich nachgehen. Ich hatte mich eigentlich bereits darauf vorbereitet, in der kommenden Woche gerichtliche Schritte einzuleiten. Aber jetzt hast du heute morgen diese Botschaft gepredigt und mich durcheinander gebracht!"

Pastor Brice sah Brian an und sagte: „Willst du es so tun, wie Gott es will, oder so, wie du es willst?“

Ohne zu zögern antwortete Brian: „Ich möchte es so tun, wie Gott es will. Deshalb spreche ich hier mit dir. Würdest du bitte mit mir beten?“

Al sagte: „Ja“, und sie neigten ihr Haupt und legten Brians Fall in die Hände seines Vaters, der gerecht richten würde.

Am nächsten Morgen ging Brian zur Arbeit und beschloss, dem Kollegen, der die Beförderung erhalten hatte, einen Besuch abzustatten. Er ging in das Büro des Mannes, streckte seine Hand aus und sagte mit einem breiten Lächeln: „Ich möchte dir zu deiner Beförderung gratulieren. Ich möchte dich nur wissen lassen, dass ich dein bester Angestellter sein werde.“ Du kannst dir vorstellen, wie unbehaglich es dem anderen Mann zumute wurde, denn auch er wusste, dass die Beförderung an die falsche Person gegangen war. Wenn es anders gelaufen wäre, wäre Brian *sein* Vorgesetzter gewesen und würde an seiner Stelle hinter diesem Schreibtisch sitzen.

Mehrere Wochen verstrichen und nichts geschah. Das ist oft der Fall. Gottes Urteil, seine Befreiung, kommt, doch oft später, als uns lieb ist. Brian hielt sich nicht länger damit auf, welches Unrecht ihm angetan worden war. Er erfüllte einfach weiterhin gewissenhaft seine Pflichten.

Eines Tages bekam Brian einen Anruf von einem Mitarbeiter eines Konkurrenzunternehmens, einer äußerst großen internationalen Versicherungsgesellschaft, die eine Zweigniederlassung in Dallas hatte. Der Mann am anderen

Ende der Leitung sagte: „Wir haben beobachtet, wie Sie mit unseren gemeinsamen Kunden umgehen. Wir sind sehr beeindruckt. Wären Sie daran interessiert, in unsere Firma zu wechseln und für uns zu arbeiten?“

Brian musste nicht lange nachdenken. „Nein, ich bin nicht interessiert“, sagte er. „Ich will meine Arbeitsstelle nicht wechseln. Ich bin schon jahrelang in dieser Firma. Ich habe ein gutes Gehalt und einen festen Kundenstamm. Meine Kunden und Kollegen kennen meinen Ruf und meinen Charakter. Ich bin hier gut aufgehoben. Ich möchte daran nichts ändern. Vielen Dank, aber ich bin nicht interessiert.“

Der Mann von der anderen Firma ließ nicht locker: „Lassen Sie uns nur einmal zusammen zu Mittag essen, sodass wir mit Ihnen sprechen können. Was könnte das schaden?“

Brian versuchte, noch entschiedener zu klingen: „Ich sage Ihnen, Sie verschwenden Ihre Zeit. Ich bin nicht interessiert.“

Es war fast, als sei der andere Mann schwerhörig. „Ach, kommen Sie! Gehen Sie doch ein einziges Mal mit uns zu Mittag essen!“

Fast schon frustriert sagte Brian: „Also gut, ich werde mich mit Ihnen treffen.“

Sie vereinbarten einen Termin und schließlich kam der Tag. Brian und die anderen begrüßten sich und bestellten ihr Essen. Einer der leitenden Angestellten der großen

Versicherungsgesellschaft sagte: „Brian, wir haben Sie beobachtet und sind sehr beeindruckt von der Art und Weise, wie Sie mit Ihren Kunden umgehen. Unsere Mitarbeiter haben gesagt: ‚Mann, wir wären begeistert, wenn er für uns arbeiten würde!'"

Brian schüttelte den Kopf. „Ich habe es Ihnen bereits am Telefon gesagt. Sie verschwenden Ihre Zeit. Ich möchte meinen Arbeitsplatz nicht wechseln. Mir ist Stabilität sehr wichtig. Ich bekomme ein sehr gutes Gehalt und habe so viel in meine Firma investiert. Ich möchte das einfach nicht."

„Okay, Brian, wir verstehen Sie. Tun Sie uns aber einen Gefallen. Gehen Sie nach Hause und sprechen Sie mit Ihrer Frau. Kommen Sie dann wieder auf uns zu und nennen Sie uns das Gehalt, das wir Ihnen zahlen sollen. Dann treffen wir uns hier in etwa einer Woche wieder und sprechen darüber."

Fast gegen besseres Wissen seufzte Brian und sagte: „Also gut."

Er ging nach Hause. Er hatte die ganze Sache bisher nicht wirklich ernst genommen. Bis zu dem Abend vor dem zweiten Mittagessen sprach er nicht einmal mit seiner Frau viel darüber. Als sie sich gemeinsam entspannten, sagte Brian schließlich: „Ich will meinen Arbeitsplatz wirklich nicht wechseln. Sie wollen, dass wir ihnen ein Wunschgehalt nennen. Ich bin die ganze Sache wirklich leid, deshalb werde ich Folgendes tun: Ich werde ihnen einfach eine lächerlich hohe Summe nennen. Ich werde ihnen sagen, dass ich ein Gehalt will, das dreimal so hoch ist, wie mein jetziges! Das wird diese fruchtlose Diskussion sicher schnell beenden."

Er schrieb einen kurzen Brief und nannte darin eine Gehaltsforderung, die das Dreifache seines derzeitigen Gehalts darstellte. Bedenke, dass er in seiner Firma bereits eine recht hohe Position innehatte. Eine solch hohe Summe zu nennen, schien absurd.

Am nächsten Tag ging Brian in das Restaurant. Die Männer setzten sich, und nachdem sie ihr Essen bestellt hatten, fragte der leitende Angestellte des Versicherungsunternehmens Brian, ob er sich Gedanken über seine Gehaltsvorstellung gemacht habe.

„Ja", sagte Brian. Er schickte sich an, den Brief aus seiner Manteltasche zu holen, doch der leitende Angestellte hielt ihn auf. „Nein, nein. Wir wollen nicht wirklich sehen, was wir Ihnen Ihrer Meinung nach bezahlen sollten. Zuerst wollen wir Ihnen zeigen, wie Ihr Gehalt nach unseren Vorstellungen aussehen soll!"

Der Mann ließ einen Umschlag über den Tisch gleiten. Brian nahm ihn und wurde, als er einige Zeilen gelesen hatte, fast ohnmächtig. Die Zahl, die sie ihm vorschlugen, war *viermal* so hoch wie sein jetziges Gehalt! Brian war so überrascht, dass ihm die Worte fehlten. Er saß einfach nur da und starrte auf den Brief. Die anderen deuteten seine Sprachlosigkeit jedoch falsch und zogen daraus den Schluss, dass ihr Angebot möglicherweise nicht hoch genug war. Deshalb erhöhten sie ihr Gehaltsangebot nochmals beachtlich und gewährten ihm noch zusätzliche Vergünstigungen.

Schließlich gewann Brian seine Fassung zurück und sagte: „Meine Herren, ich bin Christ und deshalb will ich dieses Angebot mit nach Hause nehmen, damit ich mit meiner Frau darüber beten kann. Ich komme dann auf Sie zurück."

„Sicher, sicher. Lassen Sie sich Zeit", sagten die anderen.

Brian ging nach Hause und erzählte seiner Frau, was geschehen war. Sie beteten und der Heilige Geist sprach zu beiden. Die Botschaft des Herrn lautete: „Sohn, lege deinen Fall in meine Hände. Ich habe dich gerechtfertigt. Das ist meine Beförderung. Nimm sie an!"

Heute, fast zwanzig Jahre später, lebt Brian nicht mehr in Dallas. Er ist einer der Geschäftsführer dieses gigantischen Versicherungsunternehmens in ihrem internationalen Hauptsitz in Virginia. Diese Gesellschaft stellt die Firma, in der Brian gearbeitet hatte und ungerecht behandelt worden war, in der er seine wohlverdiente Beförderung nicht erhalten hatte, bei Weitem in den Schatten.

Was sollen wir daraus schließen? Sicher hätte Brian sich selbst verteidigen können. Er hatte einen legitimen Grund für ein Gerichtsverfahren. Er hatte Rechte, auf die er hätte bestehen können. Er war ungerecht behandelt worden und hätte den Prozess wahrscheinlich gewonnen. Doch auch wenn er das Verfahren gewonnen hätte, wäre er jetzt nicht dort, wo er heute ist. Er hätte den Segen, der für ihn geplant war, verpasst.

Ich habe viele Menschen beobachtet, die den Weg der Selbstverteidigung eingeschlagen haben. Einige haben den Kampf auch gewonnen und ein gewisses Maß an Gerechtigkeit erfahren, doch ihr Geist war danach nicht mehr derselbe. Sie behielten Narben aus dieser Erfahrung und haben den Segen, der auf sie wartete, verpasst.

Es ist *immer* das Beste, es so zu tun, wie Gott es will, genau wie Brian es tat. Wir müssen unser Leben aus Gottes Perspektive sehen. An Ihm geht nichts vorbei. Er weiß, wie viele Haare auf deinem Kopf sind und aus wie vielen Zellen dein Körper besteht. Glaubst du nicht, dass Er es weiß, wenn du von jemandem verletzt wurdest? Und ob! Gott schützt die, die Ihn auf das Unrecht, das ihnen widerfährt, antworten lassen.

Sieh dir nochmals an, was Petrus schreibt: „Und wer wird euch Böses tun, wenn ihr Eiferer des Guten geworden seid?“ (1. Petr. 3, 13). Petrus sagt hier: „Hey, Mann oder Frau, Junge oder Mädchen, wenn du das glaubst, es in deinen Geist eindringen lässt und danach lebst, was kann dir dann irgendjemand tun? Wie kann dich irgendjemand wirklich ausnutzen oder dich erneut verletzen? Sie sorgen nur dafür, dass du *gesegnet* werden wirst!“

„Preis dem Herrn!“, antworte ich.

Deshalb sagte Jesus zu seinen Jüngern, dass sie, wenn jemand ihr Untergewand nehmen wollte, ihm auch ihren Mantel geben sollten. Und wenn jemand sie zwingen würde, eine Meile zu gehen, sollten sie zwei mit ihm gehen. Natürlich war diese Denkweise aus dem Reich

Gottes radikal, insbesondere für die Juden, die gelehrt worden waren, die Dinge „Auge um Auge“ zu regeln. Doch Jesus ist Gott. Er kennt die Wahrheit. Diese Lebensweise ist die, die Gott will.

Mein Freund, du kannst auf dieser Erde ein Leben führen, in dem dir nie wieder etwas gestohlen wird. Tue dir einen Dienst – habe das Herz eines Dieners. Ein Diener gibt, während einem Sklaven die Dinge gestohlen werden. Vergelte nicht Böses mit Bösem. Die, die dich beleidigen, können nicht wirklich etwas tun, das dir schlussendlich Schaden zufügt. Sei nicht nur ein Sklave. Sei etwas Besseres: sei ein Diener, wie auch Jesus ein Diener war. Du wirst frei sein – freier als je zuvor, ein Leben voller Kraft für Gott zu leben.

Wenn ich das gerade predigen würde, würde ich erwarten, dass du dazu „Amen“ sagst. Und das voller Begeisterung!

7

Stehe über schlechter Behandlung

Ich denke, du wirst mir zustimmen, dass es das Ziel eines jeden Christen ist, erwachsen zu werden. Die Bibel drückt sich hinsichtlich dieses Themas unmissverständlich aus: Es ist nicht gut, ein geistliches Baby zu bleiben. Gott hat für jeden Gläubigen vorgesehen, aus der geistlichen Kindheit herauszuwachsen und ein reifer Mann oder eine reife Frau Gottes zu werden. Und ich bin mir sicher, es überrascht dich nicht, zu hören, dass Gott schlechte Behandlung gebraucht, um uns zu helfen, geistlich erwachsen zu werden.

Petrus erklärt, wie das funktioniert:

> *Da nun Christus im Fleisch gelitten hat, so wappnet auch ihr euch mit derselben Gesinnung – denn wer im Fleisch gelitten hat, hat mit der Sünde abgeschlossen.*
>
> 1. Petrus 4, 1

Statt zu sagen, dass man „mit der Sünde abgeschlossen hat", könnte man auch sagen, dass man „vollkommene geistliche Reife erlangt hat".

Die Bibel beschreibt verschiedene Stufen und Ebenen des geistlichen Wachstums, die Ähnlichkeiten zum natürlichen Wachstum aufweisen.

Wir alle kommen als Babys auf die Welt und sind völlig abhängig von Eltern oder anderen Erwachsenen, die sich um uns kümmern. Als geistlich neugeborene Babys sollen wir „... begierig nach der vernünftigen, unverfälschten Milch [sein] – damit wir durch sie wachsen zur Rettung" (1. Petr. 2, 2). Es ist nichts Falsches an geistlicher Milch für ein Baby. Im Gegenteil, sie ist die perfekte Nahrung für ein Baby, weil die geistliche Verdauung eines Säuglings nur Milch verarbeiten kann. Doch ab einem gewissen Punkt muss jedes Baby von dieser Milch entwöhnt werden und zu fester Nahrung übergehen.

Deshalb spricht die Bibel auch von Kindern, „denn wir sollen nicht mehr Unmündige sein, hin- und hergeworfen und umhergetrieben von jedem Wind der Lehre durch die Betrügerei der Menschen, durch ihre Verschlagenheit zu listig ersonnenem Irrtum" (Eph. 4, 14).

Und schließlich erwähnt die Bibel geistliches Erwachsensein: „... die feste Speise aber ist für Erwachsene, die infolge der Gewöhnung geübte Sinne haben zur Unterscheidung des Guten wie auch des Bösen" (Heb. 5, 14).

Ich möchte jedoch einige bedeutende Unterschiede zwischen körperlichem und geistlichem Wachstum hervorheben. Wenn wir davon ausgehen, dass alles normal verläuft, ist das Wachstum unseres Körpers in erster Linie eine Frage der Zeit. Es gab noch nie einen Zweijährigen, der bereits 1,80 m groß gewesen wäre. (Aber wenn doch, kannst du wetten, dass bereits Leute vor seiner Tür stünden, die ihn für ihre Basketball-Mannschaft anwerben würden!) Die körperliche Entwicklung in so einen Zustand benötigt mindestens fünfzehn Jahre, wenn nicht mehr.

Geistiges Wachstum unterscheidet sich auch vom körperlichen Wachstum. Man kann sehr klug und doch noch sehr jung sein. Kleine Kinder sind manchmal bereits kleine Genies. Frühreife Schüler können mit fünfzehn Jahren bereits die High School abgeschlossen haben und auf dem College sein. Und doch sind manche Menschen fünfzig Jahre alt und versuchen immer noch, ihren High-School-Abschluss zu erwerben. Geistige Entwicklung ist keine Frage der Zeit, sondern eine Frage des Lernens. Man kommt von der ersten Klasse in die zweite und so weiter, bis man die Grundschule abschließt. Doch wenn man zu Hause in einer besonders fördernden Umgebung geschult wird, kann man diese Zeit so lang oder so kurz gestalten, wie man will.

Das geistliche Wachstum ist jedoch einzigartig. Es ist keine Frage der Zeit. Manche Menschen, die erst seit einem Jahr wiedergeboren sind, sind geistlich groß, während andere, die bereits seit Jahrzehnten Christen sind, immer noch geistliche Kleinkinder sind, die Windeln tragen und an Schnullern nuckeln. Sie sind oft die, die in der Gemeinde am meisten jammern und dafür sorgen, dass Pastoren viel Schlaf verlieren.

Auch ist geistliches Wachstum nicht ausschließlich eine Frage des Wissens. Als Jesus auf die Erde kam, wussten die religiösen Asse dieser Zeit – die Pharisäer – sehr viel über Gott und die Bibel. Viele von ihnen konnten die ersten fünf Bücher der Bibel auswendig zitieren. Doch all das Wissen half ihnen nicht, den Sohn Gottes zu erkennen, als Er kam und direkt vor ihnen stand.

Heutzutage können wir dasselbe beobachten. Es gibt Menschen, die Bibelschulen durchlaufen haben. Sie haben verschiedene Lehren studiert, all die richtigen Bücher gelesen, lehren andere und verfügen über einen theologischen Lebenslauf, der ungeheuer beeindruckend ist. Doch viele dieser Menschen würden den Heiligen Geist selbst dann nicht erkennen, wenn Er in einem roten Mantel und mit passendem Hut in einen Gottesdienst käme.

Geistliche Reife ist nicht nur eine Frage des Lernens und der Zeit. Natürlich kann Gott Ausbildung und Zeit dazu gebrauchen, dass wir in unserem Reifungsprozess unterstützt werden, doch diese Faktoren garantieren Reife nicht. Wir sehen in 1. Petrus 4, 1, was uns wirklich im Herrn „erwachsener werden lässt", und das ist nichts anderes als Leiden – und ich meine damit kein Leiden, das durch unsere eigene Dummheit verursacht wird, sondern das Leiden, das dem Gehorsam Gott gegenüber entspringt.

Jetzt sagst du vielleicht: „Ich kenne Menschen, die gelitten haben und verbittert sind." Ja, das ist wahr, weil es noch einen weiteren wichtigen Bestandteil für geistliche Reife gibt. Wir finden ihn in Hebräer 5, 8: „… und lernte, obwohl er Sohn war, an dem, was er litt, den Gehorsam." Jesus war Gott und Mensch, doch als der eingeborene Sohn Gottes musste Er dennoch lernen, was es bedeutet, seinem Vater hier auf der Erde zu gehorchen.

Wie wachsen wir geistlich? Indem wir ungerechte Behandlung, Kummer und Verfolgung erleiden und immer noch gehorsam sind. Es ist einfach, zu gehorchen, wenn die Sonne scheint und du mit deiner Familie und deinen Freunden in der Gemeinde sitzt oder auf einem christlichen Seminar oder einer christlichen Konferenz bist. Wenn jeder dich mag und das Leben nicht besser sein könnte, scheint dir der Gehorsam fast so leicht zu fallen wie das Atmen. Doch wenn der Sturm kommt, wenn Menschen dich kritisieren, wenn du bei deinem Chef in Ungnade gefallen bist, wenn deine Freunde dich verleumden, wenn nichts richtig zu laufen scheint – wenn du dann noch gehorsam bist, deine Feinde segnest und ihnen gibst, wenn sie es nicht verdient haben, dann zählt Gehorsam wirklich etwas.

Vergib, wie auch dir vergeben wurde

Es gibt einen Bereich in deinem Leben, der vielleicht mehr als jeder andere eine riesige Barriere darstellen kann, wenn es darum geht, völlig zu reifen und die Fähigkeit zu besitzen, denen, die uns schlecht behandeln, mit Gnade zu begegnen: mangelnde Vergebungbereitschaft.

Seien wir ehrlich, es gibt viele Situationen im Leben, in denen wir schlecht behandelt worden sind, die nicht gründlich bereinigt wurden, sodass wir keinen Frieden in unserem Geist haben. Und obwohl wir Gott wirklich gehorchen und nicht „Böses mit Bösem" vergelten wollen, lässt sich der Stachel der Verletzung, der in unser Herz hineingestoßen wurde, nicht herausziehen. An diesem Punkt müssen wir tun, was Jesus uns geboten hat – vergeben. Ich weiß nicht bis ins kleinste Detail, warum das für Gott so wichtig ist, doch es ist auf jeden Fall sehr wichtig. Es wird wenig geistliche Kraft in unserem Leben freigesetzt werden, wenn wir uns an Verletzungen klammern. Richtig auf ungerechte Behandlung zu reagieren, ist keine rein geistige Sache. Es ist zutiefst geistlich, muss aus unserem Herzen kommen und setzt voraus, dass wir vergeben. Wie Jesus müssen wir in der Lage sein, zu sagen: „Vergib ihnen, denn sie wissen nicht, was sie tun." Das ist der Schlüssel, um den Drang, sich selbst zu verteidigen, zu stoppen: du vergibst.

Doch wie kann man nun vergeben – wenn es sein muss, sogar die schlimmsten Misshandlungen? Zuerst musst du mit Gottes Hilfe an den Punkt kommen, an dem du verstehst, was dir vergeben wurde. Deine Sünde – meine Sünde – sorgte dafür, dass Jesus am Kreuz starb. Wir sind jeder vorstellbaren Sünde schuldig, einschließlich des ungerechtfertigten Mordes an Gottes Sohn. Dafür lautet das Urteil: ewige Höllenqualen. Wenn Gott uns solche Verbrechen vergeben kann, gibt es nichts – lass mich das wiederholen: *nichts* –, das uns angetan werden könnte, das wir nicht vergeben könnten.

Wir haben große Barmherzigkeit erfahren. In Gehorsam und Liebe müssen wir anderen dieselbe Barmherzigkeit zuteil werden lassen.

Bewaffne dich

Wenn die Bibel sagt, dass die, die im Fleisch gelitten haben, „mit der Sünde abgeschlossen haben", bedeutet das, dass ein Mensch nicht mehr in gewohnheitsmäßiger Sünde gebunden ist.

Hier ist nochmals die Zusammenfassung des Petrus:

> *Da nun Christus im Fleisch gelitten hat, so wappnet auch ihr euch mit derselben Gesinnung – denn wer im Fleisch gelitten hat, hat mit der Sünde abgeschlossen.*
>
> 1. Petrus 4, 1

Ist dir aufgefallen, an welchen Kontext dieser Vers anschließt? Petrus widmet drei Kapitel in seinem Brief dem Ziel, zu erklären, wie wir uns verhalten sollen, wenn wir schlecht behandelt werden und Leiden ertragen müssen. hier zieht er die Bilanz.

Es liegt so viel Kraft in diesem Vers. Am Anfang sagt Petrus: „Da nun Christus im Fleisch gelitten hat." Doch wie litt Christus im Fleisch? Zum Einen wurde Er fast beständig ungerecht behandelt! Das habe ich in Kapitel 3 ausgeführt. Dann informiert Petrus uns darüber, dass auch wir das werden ertragen müssen – wir müssen uns „bewaffnen" und uns bereit machen, *schlechte Behandlung* zu erleiden. Wie wir bereits bemerkt haben, sind wir dazu berufen.

Ehrlich, seit ich Christ geworden bin, habe ich mehr Bedrängnisse als je zuvor erlebt. Davor war das Leben in vielerlei Hinsicht einfacher; doch ich war auch blind für die Realität, denn bevor ich Jesus kennen lernte, war ich ein Gefangener Satans. Welches Leben sagt dir mehr zu? Würdest du dich dafür entscheiden, ein Kriegsgefangener zu sein, der mit gefesselten Händen in einem Käfig eingesperrt ist, oder wärst du lieber derjenige, der frei ist und die Sache seines Landes voranbringt, indem er gegen eine feindliche Armee vorrückt, die viele Kriegsgefangene hält? Der Mann im Camp der Kriegsgefangenen ist ein Häftling; der Mann, auf den geschossen wird, ist ein freier Mann. Als ich noch in der Welt und nicht gläubig war, hatte ich nicht so viele Bedrängnisse. Jetzt bin ich frei, aber was glaubst du, auf wen geschossen wird? Und ich wette, dass auch du unter Beschuss stehst. Willkommen im echten Leben!

Das Leiden, von dem Petrus sagt, dass Christus es erlitt, war die ungerechte Behandlung sowohl derer in Autoritätspositionen als auch anderer. Immer wieder wurde er fälschlicherweise beschuldigt und verteidigte sich nicht. Petrus sagt, wir müssten uns darauf vorbereiten, dasselbe zu tun, deshalb sollten wir uns besser bewaffnen oder rüsten.

Was hättest du von Präsident George W. Bush gedacht, wenn er die amerikanischen Truppen in den Irak geschickt hätte, Krieg zu führen, sie jedoch nicht mit den notwendigen Flugzeugen, Panzern, Gewehren, Messern – mit der Ausrüstung, die es braucht, um einen Krieg zu gewinnen ausgestattet hätte? Du hättest zu Recht gedacht, dass man doch wohl nicht so dumm sein könne, eine Armee nicht angemessen auszustatten. Die Niederlage wäre sicher. Kein Land, das Sieg erwartet, würde je das Militär ohne Waffen in den Krieg schicken. Wenn Christen nicht dafür gerüstet sind, ungerechte Behandlung zu ertragen, ist die Lage ähnlich. Traurigerweise sind es viele nicht.

Ich diene Christen in Amerika und auf der ganzen Welt. Dabei habe ich immer wieder beobachtet, dass Christen nicht gelehrt worden waren, wie man sich auf schlechte Behandlung und Leid vorbereitet. Das Leben als Christ hat viele Vorzüge, doch es ist auch ein Leben als Soldat. Und Gott befiehlt uns, dieses Leben zu seiner Ehre richtig zu führen. Wenn sie nun unter Druck geraten, wenn jemand ihnen Unrecht tut, werden die meisten Christen – weil sie wie Soldaten sind, die ohne Gewehre und Munition auf das Schlachtfeld geschickt werden – verwirrt und verwundert und geraten in einen Schockzustand. Statt zu wissen, wie man *agiert*, wie Jesus es tat, *re-agieren* sie. Wir Gläubigen müssen uns vorbereiten, uns mit der richtigen Information und der Kraft des Heiligen Geistes bewaffnen, damit wir wissen, wie wir uns angesichts ungerechter Behandlung verhalten sollen.

Ein gutes Beispiel für eine solche Vorbereitung ist das Training, das die Piloten kommerzieller Fluglinien regelmäßig durchlaufen. Etwa alle sechs Monate werden sie für etwa drei Tage von den Fluglinien von ihren regulären Flügen abgezogen und an Flugsimulatoren geschult. Diese Maschinen sind erstaunlich und bieten eine Mischung aus einer Fahrt in einem Vergnügungspark, einem technisch höchst anspruchsvollen Videospiel und komplizierter Computersoftware. Wenn die Piloten in das simulierte

Flugdeck klettern, ist es, als wären sie an Bord eines echten Flugzeugs. All die Mess- und Kontrollgeräte sind dieselben. Sehen sie aus dem Fenster, erblicken sie genau das, was sie sehen würden, wenn sie das Flugzeug rollen lassen, fliegen oder landen würden: Start- und Landebahnen, die Erde und den Himmel, unterschiedliche Wetterbedingungen, Windscherung – das volle Programm. Und es geht noch weiter. Alles, was sie spüren könnten – Turbulenzen, Wind, das Gefühl des Auf- oder Absteigens – all das ist einprogrammiert. Der Simulator fühlt sich an und reagiert genau wie ein echtes Flugzeug.

Drei Tage lang lassen die Ausbilder und das Testpersonal jede erdenkliche Katastrophe über die Piloten im Flugsimulator kommen. Wenn sie auf eine Situation treffen, mit der sie nicht vertraut sind, stürzen sie oft ab. Dann müssen sie es noch einmal versuchen, Absturz für Absturz, bis sie lernen, wie sie richtig mit der Situation umgehen und das Flugzeug in der Luft halten. Wenn dann auf einem echten Flug eine ähnliche Situation auftritt, wissen die Piloten, wie sie reagieren müssen – und zwar augenblicklich.

Das ist der Grund dafür, dass die Aufzeichnungen des Flugschreibers und des Stimmenrekorders nach einem Flugzeugabsturz oft offenbaren, dass die Passagiere in der Kabine zwar geschrieen haben, die Piloten allerdings ruhig blieben. Die Passagiere waren nicht *gerüstet*, nicht vorbereitet, deshalb konnten sie nichts tun, als auf die Situation voller Angst zu *reagieren*. Die Piloten wird man ruhig sagen hören: „Do this, check, feather the engines, check, check, pull up, check, check, check, got this, check,

check, check." Sie *agieren* statt zu *reagieren.* Normalerweise sind die Piloten auf dem Weg zum Absturz ruhig und gefasst. Sicher, wenn sie merken, dass sie das Geschehen nicht aufhalten können, fangen auch sie an, zu fluchen. Mehr aber auch nicht. Auf dem ganzen Weg nach unten haben sie sich völlig unter Kontrolle. Die Piloten sind *gerüstet.*

Die meisten Gläubigen sind nicht dafür *gerüstet,* mit schlechter Behandlung umzugehen.

In diesem Buch gebe ich dir das notwendige Training. Du bist im Simulator. Ich rüste dich jetzt aus dem Wort Gottes mit dem Wissen aus, wie unser Schöpfer will, dass wir reagieren, wenn uns die Menschen und das Leben harte, ungerechte Dinge ins Gesicht schleudern. Wir wollen wissen, wie wir es richtig machen, damit wir unseren König ehren und uns nicht einen einzigen Segen entgehen lassen!

8

Wird Er Glauben vorfinden?

Wenn du wie ich bist, möchtest du kein geistlicher Schwächling sein. Du willst geistliche Muskeln haben, die du spielen lassen und mit denen du das Reich Gottes erheben kannst, wenn du mit schlechter Behandlung oder irgendeiner anderen Herausforderung konfrontiert wirst. Du willst in der Lage sein, die Finsternis zurückzuschlagen und der Sache Christi hier auf Erden Vorschub zu leisten.

Kraft gewinnen

Ich vergleiche das, was geistlich mit uns geschehen muss, gern mit einigen Erfahrungen, die ich gemacht habe, als ich körperlich an Kraft zunahm.

Mitte der Neunzigerjahre war ich ein magerer Kümmerling. Weil ich schon immer einen schnellen Stoffwechsel hatte, bekomme ich, wenn ich nicht auf mich achte, schnell Untergewicht. (Glaube mir, ich beklage mich deshalb nicht. Ich weiß, dass viele Leute mit dem Gegenteil kämpfen.) Damals lag ich wahrscheinlich mindestens neun Kilo unter meinem Idealgewicht. Ich war so schwach und hatte so wenig Durchhaltevermögen, dass ich beim Predigen davon beeinträchtigt wurde. Eines Sonntagmorgens stand ich, kurz bevor ich predigen sollte, auf der Bühne, als mir schwindlig wurde und ich Sterne sah. Ich war so erschöpft – ich hatte noch nicht einmal begonnen, zu predigen, und fragte mich, ob ich ohnmächtig werden würde.

Weil Lisa sich Sorgen machte, hatte sie mich schon häufig ermahnt, besser auf mich aufzupassen und schon monatelang dafür gebetet, dass ich etwas für meine Gesundheit tun würde. Nach diesem Zwischenfall am Sonntagmorgen kam ich nach Hause und sagte zu ihr: „Jetzt reicht es. Ich werde beginnen, Fitnesstraining zu machen."

Gott sei Dank hatten wir einen Nachbarn, der ein WWF-Ringer war. Wir hatten uns mit der Familie angefreundet und so ging ich zu diesem Mann und fragte: „Wärst du bereit, mir einige Trainingsstunden zu geben?" Er sagte, das würde er sehr gerne tun, und so zog ich meinen Trainingsanzug an und wir begannen, dreimal pro Woche ins Fitnesszentrum zu gehen.

Wir müssen ein lustiges Paar abgegeben haben, denn er war ein riesiges Muskelpaket, knapp 1,95 m groß und 127 kg schwer mit nur 6 Prozent Körperfettanteil. Seine Arme hatten so viel Muskeln wie meine Beine.

Es dauerte nicht lange, bis ich lernte, wie man es anstellt, Muskelmasse aufzubauen. Ich fand heraus, dass man sein Aussehen positiv verändert, indem man ein Gewicht mit zwölfmaliger Wiederholung in die Höhe stemmt. Doch wenn du wirklich Muskeln haben willst, packst du weit mehr Gewicht auf die Stange und gibst alles, was du hast, um sie einige Male hochzuheben. Und wenn deine Muskeln dann schreien und alles in dir sagt: „Ich schaffe das nicht“, nimmst du all deine Kraft zusammen, um die Stange ein weiteres Mal hochzudrücken.

Da war ich also – alles andere als ein „Mr. Universum“ –, mager und schwach und beobachtete diesen massigen Ringer und seine monströsen Kumpel in dem Fitnesszentrum. Sie saßen auf der Bank und feuerten einander laut an: „Drück es hoch, stemm es, gib alles, na los!“, und einer der Kerle grunzte und strengte sich derart an, dass seine Blutgefäße anschwollen und sein Gesicht rot anlief. Er versetzte dem Gewicht einen mächtigen Stoß und drückte es nach oben.

Natürlich war es auch das, was mein Nachbar mich tun lassen wollte. „So wirst du stark werden, John“, sagte er. „Du musst an den Punkt kommen, an dem du sagst: ‚Ich kann dieses Gewicht unter keinen Umständen ein weiteres Mal stemmen!‘ Doch etwas in deinem Inneren treibt es hoch; so wachsen Muskeln.“

„Worauf in aller Welt habe ich mich da eingelassen?“, fragte ich mich.

Doch ich wollte nicht mehr schwach sein. Ich begann also, Gewichte zu heben, und es war Mitleid erregend. Am Anfang konnte ich nur 40 Kilo stemmen. Doch mein Freund und ich gingen weiterhin ins Fitnesszentrum und nach kurzer Zeit schaffte ich 45 Kilo. Nach ein oder zwei Wochen waren es 50 Kilo. Das ermutigte mich und ich blieb am Ball. Ich steigerte mich weiter – 55 Kilo, 60

Kilo, 65 Kilo, 70 Kilo, 75 Kilo, 80 Kilo, 85 Kilo. Das geschah nicht über Nacht; es dauerte einige Jahre, um so weit zu kommen. Doch dann ging es nicht mehr weiter. Ich schien meine Grenze erreicht zu haben.

Während dieser Zeit sprach ich einmal auf einer Konferenz in Fresno in Californien und einige der Pastoren nahmen mich in ihr Fitnesszentrum mit. Während wir trainierten und Gewichte hoben, sagte einer von ihnen zu mir: „John, du kannst 100 Kilo stemmen, kein Problem."

„Bist du verrückt? Ich schaffe nicht annähernd 100 Kilo!"

„Sicher kannst du das. Geh auf die Bank, ich werde daneben stehen und auf dich aufpassen."

„Du bist verrückt, ich kann das nicht", sagte ich nicht so wirklich voller Glauben.

Doch der Pastor führte mich zu der Bank, lud die Gewichte auf, stellte sich bereit und feuerte mich an. Es war unglaublich, doch ich drückte die Stange nach oben. Ich war *außer mir!* Ich konnte es wirklich kaum glauben.

Später gingen wir zusammen Mittag essen. Als wir aßen, sagte ich zu meinem Freund: „Weißt du was? Für mich bist du wie der Heilige Geist."

„Was?", sagte er und sah mich verwirrt an.

„Weißt du nicht, was die Bibel sagt?", fragte ich ihn. „Keine Versuchung hat euch ergriffen als nur eine menschliche; Gott aber ist treu, *der nicht zulassen wird, dass ihr über euer Vermögen versucht werdet,* sondern mit der Versuchung auch den Ausgang schaffen wird, sodass ihr sie ertragen könnt" (1. Kor. 10, 13; Hervorhebung hinzugefügt).

Mein Freund begann, zu verstehen. Der Heilige Geist weiß, was wir ertragen können, und das ist meist mehr, als wir glauben.

„Du wusstest, dass ich 100 Kilo stemmen könnte", sagte ich. „Du wusstest, dass ich es schaffen würde!"

Seine Ermutigung und sein Glaube an meine Fähigkeiten halfen mir, die Schranken zu durchbrechen, die mich zurückgehalten hatten. Nur wenige Monate später steigerte ich mich auf 105 Kilo, doch dann ging es erneut nicht weiter.

Etwa ein Jahr später trainierte ich mit einem der besten Trainer im Gewichtheben in den Vereinigten Staaten und er sagte zu mir: „Du kannst problemlos 125 Kilo schaffen!"

„Nicht schon wieder!", dachte ich und entgegnete sofort: „Du bist verrückt!"

Er lachte, und nach einigen Aufwärmübungen und einigen guten Tipps stemmte ich 115 Kilo! Ich war so begeistert, dass ich gleich meine Frau anrief, um ihr das zu erzählen.

Einige Monate später traf ich diesen Trainer wieder. (Er besucht eine Gemeinde in Detroit, Michigan, deren Pastor im Bankdrücken über 205 Kilo schafft!) Ich hatte den ganzen Sonntag darüber gepredigt, wie wichtig es ist, sensibel für den Heiligen Geist zu sein. Am Montagmorgen sah mich dieser Trainer an und sagte: „John, letzte Nacht habe ich geträumt, dass du über 135 Kilo gestemmt hast."

Ich lachte ihn aus, als habe er den Verstand verloren. Doch der Pastor und er erinnerten mich daran, was ich am Tag zuvor gepredigt hatte. Da lenkte ich ein und sagte: „Also gut, dann mal los."

Wir absolvierten das Aufwärmtraining und anschließend steigerte er das Gewicht, kam immer näher an die 135 Kilo heran. Ich schaffte 135 Kilo. Dann sagte er: „Nun lass uns 140 Kilo nehmen."

Er legte die zusätzlichen 5 Kilo auf, stellte sich bereit, mir zu helfen, und tatsächlich – ich stemmte 140 Kilo ohne Hilfe (das war das erste und vermutlich auch das letzte Mal, dass ich das geschafft habe).

Hinsichtlich meiner körperlichen Fitness und meiner Muskelkraft sind diese beiden Fitnesstrainer wie der Heilige Geist im geistlichen Bereich: Sie wissen oft besser als du selbst, was du bewältigen kannst. Das erinnert mich an das, was der Heilige Geist den Autor des Hebräerbriefs schreiben ließ: „der Zeit nach [solltet] ihr Lehrer sein", doch er schalt sie und sagte, sie seien Unmündige und hätten wieder Milch nötig statt fester Speise (Heb. 5, 12).

Im Wesentlichen will der Herr uns also sagen: „Lass uns beginnen, dich wieder in Form zu bringen. Ich will, dass du etwas für mich tust, und das wird 50 Kilo schlechte Behandlung mit sich bringen, doch du bist bereit!" Dann sagt jemand etwas Gemeines zu dir, das du kaum ertragen kannst, und du fauchst zurück und verteidigst dich selbst. Und Gott sagt: „Okay, wir müssen wieder auf 40 Kilo heruntergehen. Vielleicht kann ich dir eine „Kinderaufgabe“ geben, aber nicht mehr.“

Vielleicht entspricht deine geistliche Reife 55 Kilo. Gott wünscht sich etwas von dir, das jedoch Verfolgung von 65 Kilo mit sich bringt. Das wirst du stemmen müssen. Er sagt dir dann: „Ich habe eine 65 Kilo schwere Aufgabe, die im Geist erledigt werden muss.“ Du wirst von einer Autoritätsperson ungerecht behandelt, jammerst und klagst und bewältigst die Aufgabe nicht. Also sagt Gott: „Zurück auf 55 Kilo.“

Es mag sein, dass der Herr später sagt: „Ich brauche jemanden, der im Geist 70 Kilo stemmen kann. Ich denke, dass du das schaffst.“ Dann verrät dich ein Freund oder dein Chef gibt die Beförderung einem anderen. Und statt Böses nicht mit Bösem zu vergelten und fest zu stehen, reagierst du auf die Beleidigung mit einer Beleidigung und kündigst eingeschnappt deinen Arbeitsplatz. Gott sagt: „Zurück auf 55 Kilo.“

Oder Gott sagt: „Ich brauche eine Gemeinde, die in der Stadt eine 100 Kilo schwere Aufgabe bewältigen kann.“ Doch die Gemeinde stößt auf Widerstand und Verfolgung, wie beispielsweise einen negativen Artikel in der Zeitung. Die Leiterschaft schreckt zurück. Gott sagt: „Zurück auf 55 Kilo.“

Dein geistlicher Trainer, der dich in deinem Training unterstützt, sagt: „Du solltest 110, 130 oder 135 Kilo schaffen!“ Weil du dich jedoch weiterhin verteidigst oder für deine Rechte eintrittst, wenn dich eine Autoritätsperson kritisiert, muss dich dein Trainer ständig wieder auf 55 Kilo zurücksetzen. Du wächst nicht an Stärke. Du bist dem Gebot, Leid ehrbar zu ertragen und die Rache in Gottes Hand zu legen, nicht nachgekommen. Obwohl Er geduldig ist, weil Er dich so sehr liebt, sagt Er zu dir: „Mein kostbares Kind, du lässt deine Chance auf Wachstum ungenutzt vorübergehen. Ich habe dort draußen einige Aufgaben für mein Reich, die jemanden erfordern, der mehr als 55 Kilo stemmen kann. Bitte bringe deine Ernte ein! Du hast dir gerade eine Gelegenheit, eine 85 Kilo schwere Aufgabe zu übernehmen, entgehen lassen. Doch du wärst nicht in der Lage, sie zu meistern."

Du bist nicht allein in diesem Kampf, geistliche Muskeln aufzubauen! Das weiß ich aus eigener Erfahrung.

Als mich mein Vorgesetzter vor Jahren in Verruf brachte und meinen Namen in der ganzen Gemeinde verleumdete, fühlte ich mich, als würde die ganze Welt über mir zusammenbrechen. Ich dachte, ich könnte es nicht ertragen, würde den Verstand verlieren. Das war meine Welt. Es sah aus, als würde alles auseinanderbröckeln. Ich hatte meine Ingenieurlaufbahn verlassen, um in den Dienst einzutreten. Die Last war so ziemlich an der Grenze dessen, was ich „stemmen" konnte. Ich verstand es zu dieser Zeit nicht, doch das war ungefähr ein „55 Kilo schwerer Brocken".

Ich behielt mein geistliches Training bei. Mit jedem Jahr, das vorüberging, war ich geistlich stärker, sodass ich mehr ertragen konnte. Dann, fast zwölf Jahre nach diesem Zwischenfall, während meiner Zeit als Jugendpastor, wurde ich durch das, was ein Mann mit einer riesigen Gemeinde in Europa über mich sagte, auf drei verschiedenen Kontinenten in Verruf gebracht und verleumdet. Wenn eine schwere Attacke diesen Ausmaßes geschehen wäre, als ich kaum bei 55 Kilo angelangt war, wäre die Stange auf mich gefallen und hätte meine Rippen zerschmettert. Es wäre so gewesen, als hätte man mir 140 Kilo aufgeladen, als ich das Training mit meinem Nachbarn, dem Ringer, begann. Es hätte mich umbringen können.

Durch Gottes Gnade und die Kraft, die der Heilige Geist in mich legte, war ich in der Lage, mich nicht selbst gegen diese ungerechtfertigten Aussagen zu verteidigen. Ich konnte diesen Mann wirklich lieben und ihn weiterhin segnen. Das bewahrte mich davor, dass das Gift des Verletztseins meinen Geist krank machte und schwächte. Und Gott kümmerte sich zur richtigen Zeit um die Angelegenheit. Ich bedauere das zutiefst, doch nicht lange nach seiner Anklage gegen mich erlebte die Gemeinde dieses Mannes eine große Spaltung. Seither ist dieser Dienst nicht mehr derselbe. Die Gemeinde hat viel an Einfluss verloren.

Willst du wissen, warum Sondereinsatzkommandos so großer Respekt entgegengebracht wird? Weil ihre Ausbildung viel härter ist als die der anderen. Wenn harte Einsätze notwendig sind, werden diese Männer dafür herangezogen.

So wie die Muskeln in deinem Körper nur wachsen, wenn dich dein Trainer in Bereiche bringt, von denen du meinst, sie nicht bewältigen zu können, wachsen unsere geistlichen Muskeln und Kräfte, wenn der Heilige Geist uns bittet, aus unserer Bequemlichkeit herauszutreten und dem Willen Gottes auf der ganzen Linie zu folgen. Er weiß, was wir ertragen können. Wir müssen Ihm vertrauen, sodass wir uns heranwagen und das gewichtige Werk des Reiches vollenden.

Der Weg Gottes oder der Weg des Menschen?

Gott weint, weil wir uns weigern, die Dinge so zu tun, wie er es möchte. Er sagt: „Hey, Christen, ich habe einige harte Aufgaben, die in der Welt erledigt werden müssen. Die Ernte ist reich, doch der Arbeiter sind wenige. Mein Volk sorgt sich darum, was andere denken oder sagen, darum, dass der Chef sich kritisch geäußert hat. Meine Kinder stehen für ihre Rechte ein. Da sind Menschen, die sterben und in die Hölle gehen. Ich brauche Menschen, die in der Lage sind, 80, 85, 90, 100, 110, 135, 160 Kilo schwere Aufgaben zu erledigen!"

Jesus sagte, dass Ärgernisse in den letzten Tagen stark zunehmen würden. Das griechische Wort, das mit „viele" übersetzt wird, steht für „die Mehrheit", und wirklich erschreckend ist, dass Er nicht von Menschen in der Welt sprach, sondern von Christen, als Er sagte: „Und dann werden viele verleitet (das griechische Wort bedeutet auch: Anstoß nehmen, sich ärgern) werden und werden einander überliefern und einander hassen" (Mt. 24, 10; Klammer hinzugefügt).

All diese Schwierigkeiten, die dadurch entstehen, dass Christen nicht angemessen mit Ärgernissen umgehen können, werden zu Gesetzlosigkeit führen, was bedeutet, dass sie sich Autorität nicht unterordnen. Und letztendlich „wird die Liebe der meisten erkalten" (Mt. 24, 12).

Jesus verband Aufsässigkeit eng mit Autorität und Ärgernissen. Er sagte, viele würden verleitet werden und einander hassen. Das wiederum würde dazu führen, dass falsche Propheten aufstehen und „viele verführen" würden (Mt. 24, 11). Die Vielen, auf die Er sich bezog, sind die, die Anstoß genommen haben. Die Folge: Gesetzlosigkeit wird überhand nehmen (siehe Mt. 24, 12).

Warum wird Gesetzlosigkeit überhand nehmen? Das hängt eng mit dem, was wir in diesem Buch gelernt haben, zusammen. Menschen werden sagen: „Ich bin verärgert. Dieser Leiter hat mir dieses oder jene Person hat mir jenes angetan." Und wenn sie in ihrem weiteren Leben auf jemanden treffen, der sie an die Person erinnert, die ihnen einmal dieses oder jenes angetan hat, setzen sie Verteidigungs- und Schutzmechanismen in Gang: „Ich bin verletzt worden und lasse mich nicht wieder verletzen!"

Seit 1983 bin ich im vollzeitlichen Dienst und bereise seit 1990 die ganze Welt. Ich habe viele Christen gesehen, die sich dafür entschieden haben, sich selbst zu verteidigen, wenn sie schlecht behandelt wurden, und in gewisser Weise haben sie in der spezifischen Situation „gewonnen". Doch mir ist etwas an ihnen aufgefallen. Ihnen fehlt das Feuer für Gott und für das Leben. Die Sanftheit ist verschwunden. Demut ist kaum feststellbar. Indem sie Gottes Aufgabe, sie zu verteidigen und Gerechtigkeit herbeizuführen, übernahmen, verloren sie etwas sehr Kostbares und Wertvolles. Sie wurden getäuscht und glaubten, sie hätten gute Ergebnisse erzielt. Doch sie haben den größeren Segen verpasst – an Stärke zu wachsen und zu erleben, dass das Wesen Jesu in ihnen zunimmt.

Lass uns nun die drei Hauptgründe zusammentragen, aus denen Gott uns sagt, dass wir uns nicht rächen oder verteidigen sollen:

1. Wir schaffen Raum für Gottes gerechtes Urteil.
2. Wir können Segen erfahren.
3. Wir wachsen im Wesen und in der Reife Christi.

Werden wir Gott gegenüber treu sein?

Am Ende dieses kleinen Buches möchte ich dich vor eine letzte Herausforderung stellen: Vertraust du Gott so weit, dass du Ihm gehorchst, dich bei schlechter Behandlung seinem Willen entsprechend verhältst und dich Millionen von anderen anschließt, die sein Reich voranbringen und seinem kostbaren Namen Ehre machen? Vertraust du darauf, dass Er sich um dich kümmert und dir nach seinem Zeitplan – in diesem Leben oder im nächsten – Gerechtigkeit zuteil werden lässt? Bist du einer von denen, die treu sein werden?

Er sagte ihnen aber auch ein Gleichnis dafür, dass sie allezeit beten und nicht ermatten sollten, und sprach: Es war ein Richter in einer Stadt, der Gott nicht fürchtete und vor keinem Menschen sich scheute. Es war aber eine Witwe in jener Stadt; und sie kam zu ihm und sprach: Schaffe mir Recht gegenüber meinem Widersacher! Und eine Zeit lang wollte er nicht; danach aber sprach er bei sich selbst: Wenn ich auch Gott nicht fürchte und vor keinem Menschen mich scheue, so will ich doch, weil diese Witwe mir Mühe macht, ihr Recht verschaffen, damit sie nicht am Ende komme und mir ins Gesicht fahre. Der Herr aber sprach: Hört, was der ungerechte Richter sagt! Gott aber, sollte er das ***Recht*** *seiner Auserwählten nicht* ***ausführen****, die Tag und Nacht zu ihm schreien, und sollte er es bei ihnen lange hinziehen? Ich sage euch, dass* ***er ihr Recht ohne Verzug ausführen wird****. Doch* ***wird*** *wohl* ***der Sohn*** *des Menschen, wenn er kommt, den* ***Glauben finden auf der Erde?***

Lukas 18, 1–8 (Hervorhebung hinzugefügt)

Dieses Gleichnis wird oft verwendet, um zu veranschaulichen, wie wichtig es ist, im Gebet brennend und beharrlich zu sein. Doch der letzte Teil des Gleichnisses wird oft ignoriert: „Ich sage euch, dass er ihr Recht ohne Verzug ausführen wird. Doch wird wohl der Sohn des Menschen, wenn er kommt, den Glauben finden auf der Erde?"

Diese Aussage ist der Kern dieses Buches: Es braucht Glauben, um nicht zurückzuschlagen, wenn du von jemandem schlecht behandelt wirst – um dich in Gottes Hand zu legen, statt Rache zu üben.

Preis Gott! Wir müssen das nicht aus unserer eigenen Kraft tun. Bei Gott ist nichts unmöglich.

Als mich dieser Pastor in Europa schlecht behandelte, indem er meinen Ruf schädigte, und ich das auf drei Kontinenten hörte, ging ich zu einem der Männer unserer Dienstleitung, Pastor Al Brice, und fragte ihn: „Gehe ich richtig damit um? Es ist wirklich hart! Ich denke, ich mache es richtig, was meinst du?"

Weil Al auch mein Freund ist und mich liebt, war er über die Anklagen erbost. Doch Al ist ein Mann, der dem Wort Gottes gehorcht. Er weiß, wie wir uns verhalten sollen, wenn wir schlecht behandelt werden. Nachdem er sich beruhigt hatte, versicherte er mir deshalb, dass ich das Richtige tat, und sagte dann mit einem Lächeln: „John, wenn du in Situationen wie diese gerätst, lerne vom Mond."

„Was meinst du?", fragte ich. Sein Rat stellte mich vor ein Rätsel.

„John", fuhr Al fort, „jeden Monat haben wir Vollmond und jeder Kojote, jeder Wolf, jeder Hund kommt heraus und heult ihn an. Doch antwortet der Mond irgendeinem von ihnen? Nein! Er scheint einfach nur weiter." Jetzt war mir klar, was er sagen wollte.

Er lächelte und sprach: „John, scheine einfach weiter! Predige weiterhin das reine Wort Gottes, gehorche Ihm vollkommen und liebe die Menschen."

Ich bitte dich eindringlich, dasselbe zu tun. Wenn Ärgernisse kommen, wenn du schlecht behandelt wirst und leiden musst, wie unser Herr Jesus, tue Eines: *Scheine einfach weiter!*

Über den Autor

John Bevere ist ein Bestsellerautor und beliebter Sprecher. 1990 gründete er zusammen mit seiner Frau Lisa, ebenfalls Bestsellerautorin, *John Bevere Ministries.* Der Dienst ist zu einem facettenreichen, internationalen Evangelisationsdienst angewachsen, zu dem die wöchentliche Fernsehsendung *The Messenger* gehört, die in 214 Ländern ausgestrahlt wird. John hat unter anderem folgende Bestseller geschrieben: *Näher Gott zu dir, Ein Herz in Flammen, Unter Gottes Schutz, Der Köder des Feindes* und *Die Furcht des Herrn.* John und Lisa leben mit ihren vier Söhnen in Colorado.

Ein Herz in Flammen
Entzünde eine Leidenschaft für Gott
John Bevere
129443 190 Seiten

Jesus akzeptierte nie Lauheit. Vielmehr rief Er zu leidenschaftlicher Nachfolge auf. Doch woher kommt das Feuer, um unsere Beziehung zu Gott anzuheizen? Er verlangt nie etwas von uns, wozu Er uns nicht auch befähigt.

Ganz gleich wo du in deiner Beziehung mit Gott stehst, wenn du dir die Botschaft dieses Buches zu Herzen nimmst, wird dein Leben grundlegend verändert.

Unter Gottes Schutz
John Bevere
129438 296 Seiten

Unter dem Schatten des Allmächtigen gibt es einen sicheren Ort der Freiheit, Versorgung und des Schutzes. Leider gibt es zahlreiche Gläubige, die sich an diesem verborgenen Ort nicht erfreuen können, weil sie an einem Ort nach Freiheit und Sicherheit suchen, wo nur das Gegenteil existiert. Sie unterliegen der Täuschung, dass sie in echter und dauerhafter Freiheit leben könnten, ohne sich göttlicher Autorität unterzuordnen.

Siegreich durch die Wüste
Wachsen in Zeiten der Dürre
John Bevere
129447 192 Seiten

Quält dich die Frage, ob du Gott verpasst hast oder Ihn irgendwie verärgert hast? Möglicherweise trifft das alles nicht zu – du bist einfach nur in der Wüste angekommen! Gott hat dich nicht verstoßen, sondern bereitet dich vor. Die Väter des Glaubens und die Propheten haben sich ihren Weg in der Wüste gebahnt – und so den Weg frei gemacht für ein neues Wirken Gottes. Gott möchte, dass du siegreich durch die Wüste kommst.

Laß dich nicht einschüchtern
Überwinde Angst und setze die Gaben Gottes in deinem Leben frei
John Bevere
129429 209 Seiten

- Fällt es dir schwer, nein zu sagen?
- Hast du Angst vor Auseinandersetzungen?
- Schließt du Kompromisse, um Konflikte zu vermeiden?
- Triffst du Entscheidungen danach, ob du anderen dadurch gefällst?

Falls du auch nur auf eine dieser Fragen mit ja geantwortet hast, dann ist dies ein Buch für dich. Es zeigt auf, was Einschüchterung ist, löst deren Umklammerung und zeigt dir, wie du Gottes Gaben freisetzt.

Der Köder des Feindes
Deine Reaktion bestimmt deine Zukunft
John Bevere
129415 235 Seiten

- Musst du immer deine Version der Geschichte erzählen?
- Bist du leicht misstrauisch und neigst zu Unterstellungen?
- Drehen sich deine Gedanken ständig um deine alten Verletzungen?
- Hast du resigniert, weil dir jemand etwas angetan hat?

Dieses Buch deckt eine der heimtückischsten Fallen auf, mit deren Hilfe Satan versucht, dich von Gottes Willen abzubringen: Ärgernisse und Kränkungen.

Gottes Wegbereiter
Der prophetische Dienst in den letzten Tagen
John Bevere
129448 140 Seiten

Gott stellt den prophetischen Dienst wieder her, um das Herz seines Volkes zu Ihm zu bekehren. Oft jedoch wird das Amt des Propheten darauf beschränkt, durch ein Wort der Erkenntnis oder ein Wort der Weisheit die Zukunft vorherzusagen, statt die Funktion anzuerkennen, in der der wahre Zustand der Gemeinde aufgedeckt wird. Viele, die den Schwindel und oberflächlichen Dienst leid sind, sind bereit dafür, eine wirklich prophetische Botschaft zu empfangen.

Weitere Bücher von John Bevere:

Spricht so der Herr?	129405
Die Furcht des Herrn	129414
Verschließ dem Feind die Tür	129431
Handbuch zu "Der Köder des Feindes"	129432
Näher Gott zu dir	129450

Bücher von Lisa Bevere:

Die wahre Größe einer Frau	129411
Außer Kontrolle und begeistert darüber	129413
Ärgere dich, aber sündige nicht	129438
Wenn Küsse dich zum Weinen bringen	129449

Für mehr Informationen zu diesen Büchern oder unserem gesamtem Verlagsprogramm wende dich an:

Adullam Verlag
St.-Ulrich-Pl. 8
85630 Grasbrunn
Tel. 089 468801
Fax: 089 46201790
www.adullam.de
info@adullam.de

Gerne senden wir auch den aktuellen Katalog zu.